GUIA VISUAL DE BOLSO – FOLHA DE S.PAULO

SÃO FRANCISCO

GUIA E MAPA: A CIDADE NA PALMA DA MÃO

DK

PUBLIFOLHA

UM LIVRO DORLING KINDERSLEY

www.dk.com

"Pocket Map & Guide: San Francisco" foi publicado originalmente na Grã-Bretanha em 2008 pela Dorling Kindersley Limited, 80 Strand, Londres, WC2R 0RL, Inglaterra.

Concepção do projeto: Redback Publishing

ISBN 978-85-7914-290-1

PUBLIFOLHA

Divisão de Publicações do Grupo Folha

Al. Barão de Limeira, 401, 6º andar, CEP 01202-900, São Paulo, SP

Tel.: (11) 3224-2186/2187/2197

www.publifolha.com.br

COORDENAÇÃO DO PROJETO

PUBLIFOLHA

EDITORA-ASSISTENTE: Paula Dume

COORDENAÇÃO DE PRODUÇÃO GRÁFICA: Mariana Metidieri

PRODUÇÃO EDITORIAL

PÁGINA VIVA

TRADUÇÃO: Marina Amaral

EDIÇÃO: Carlos Tranjan e Wally Constantino

REVISÃO: Beatriz Chaves

DORLING KINDERSLEY

DIREÇÃO DO PROJETO: Nicholas Bevan, Derek Hall

EDIÇÃO: Derek Hall, Marion Dent, Sue Juby

DIAGRAMAÇÃO: Tony Truscott

INDEXAÇÃO: Michael Dent

PESQUISA ICONOGRÁFICA: Mirco de Cet

CARTOGRAFIA: John Plumer

Impresso na Leo Paper, China.

A grafia deste livro segue as regras do Novo Acordo Ortográfico da Língua Portuguesa.

Foi feito o possível para garantir que as informações deste livro fossem as mais atualizadas disponíveis até o momento da impressão. No entanto, alguns dados como telefones, preços, horários de funcionamento e informações de viagem estão sujeitos a mudanças. Os editores não podem se responsabilizar por nenhuma consequência do uso deste guia, nem garantir a validade das informações contidas nos sites indicados. Os leitores interessados em fazer sugestões ou comunicar eventuais correções podem escrever para a Publifolha, Al. Barão de Limeira, 401, 6º andar, CEP 01202-900, São Paulo, SP, enviar um fax para: (11) 3224-2163 ou um e-mail para: atendimento@publifolha.com.br

Vista do centro da cidade a partir da Alamo Square

SUMÁRIO

Figura mexicana, de Young Museum

Mission Dolores Church, Haight Ashbury

Centro de São Francisco

São Francisco é uma cidade compacta, e muito de sua região central pode ser explorado a pé. Suas várias ladeiras tornam as caminhadas cansativas, mas são úteis para o turista se orientar. A rica mistura étnica dá personalidade aos bairros.

Casas Vitorianas
Casas do século 19 se alinham nas ruas da cidade.

Golden Gate Bridge
Com mais de 50 anos de vida, a ponte já é parte da paisagem, assim como os promontórios de Marin e a idílica baía (págs. 10-1).

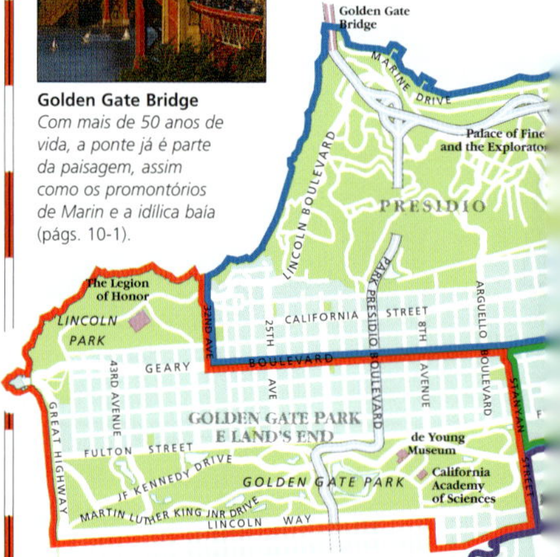

Cliff House
Atração turística bastante visitada, a casa oferece vistas estupendas das Seal Rocks e do surfe no Pacífico (pág. 62).

Lombard Street

Conhecida como a "rua mais sinuosa do mundo", a Lombard Street se espreme em apenas um quarteirão entre as ruas Hyde e Leavenworth, fazendo dez curvas em "Z" (pág. 26).

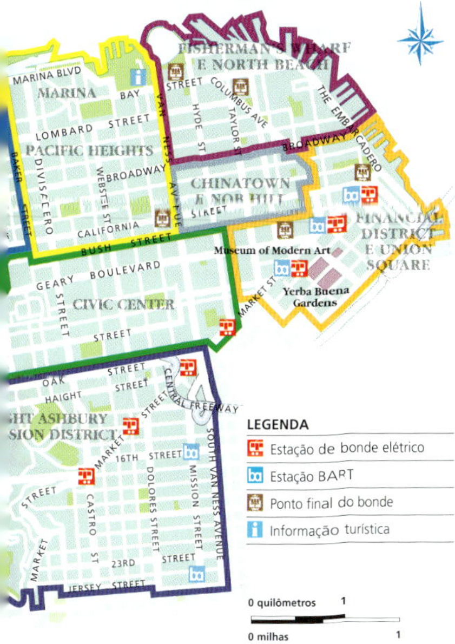

São Francisco em Destaque

São Francisco é uma cidade linda, que oferece aos visitantes centenas de pontos de interesse turístico. As atrações vão das movimentadas vielas, museus, lojas e restaurantes de Chinatown à imensidão verde do Golden Gate Park; das casas vitorianas aos vertiginosos arranha-céus do centro. A diversidade cultural confere à cidade uma personalidade única.

Os portões esculpidos de Chinatown

São Francisco Multicultural

Hispano-americanos
A herança hispânica é um dos traços marcantes da cidade. Circulando pelas *taquerias* e *tiendas* (lojas) de Mission District *(págs. 52-3)*, é fácil imaginar que você está bem ao sul da fronteira.

Chineses
Desde a Corrida do Ouro dos anos 1840 os chineses têm forte presença na cidade. Hoje, 1 em cada 5 habitantes é chinês, e Chinatown *(págs. 32-3)* é o coração dessa comunidade.

Italianos
A próspera North Beach *(págs. 26-7)* hoje é habitada pelos descendentes dos pescadores italianos que se estabeleceram aqui no fim do século 19. Muitas famílias mudaram-se para o subúrbio, mas ainda frequentam os cafés da "Little Italy".

Gays e Lésbicas
A Castro Street *(pág. 51)* é o centro da comunidade gay. Embora seus bares, lojas e restaurantes atraiam todo tipo de gente, é a meca para gays e lésbicas que vêm em busca de uma liberdade incomum em outras cidades.

Museus e Galerias

Asian Art Museum
A maior coleção de arte asiática fora da Ásia, cobrindo um período de 6 mil anos de história, está exposta em novas galerias *(pág. 44)*.

Legion of Honor
Situado acima da Land's End, este é um dos maiores locais de exposição de arte ocidental pré-moderna *(pág. 62)*.

San Francisco Museum of Modern Art
Lar da arte europeia e americana do século 20 e das obras multimídia contemporâneas, o local é referência cultural *(págs. 40-1)*.

Em estilo Beaux Arts, o Palace of Fine Arts abriga o Exploratorium

A magnífica Golden Gate Bridge

O Exploratorium
As crianças vão se divertir neste que é um dos primeiros museus de ciência interativos do mundo *(pág. 12)*.

California Academy of Sciences
Este abrangente museu de ciências apresenta quase todos os aspectos do mundo natural *(pág. 57)*.

Atrações Históricas

Golden Gate Bridge
O adorado símbolo da cidade é a terceira mais extensa ponte de vão único no mundo *(págs. 10-1)*.

Alcatraz Island
Há menos de 30 anos, a "Ilha do Diabo" americana era uma prisão federal, e ainda continua a despertar a imaginação dos visitantes *(págs. 24-5)*.

Fisherman's Wharf
As vistas da baía são incomparáveis, e você pode provar maravilhosas iguarias do mar *(págs. 20-1)*.

Grace Cathedral
A mais querida catedral da cidade abriga tesouros históricos *(pág. 35)*.

Bondes
Estes ícones da antiga São Francisco resistiram ao progresso e ainda têm papel ativo na vida urbana *(pág. 35)*.

Parques e Praias

Presidio
A vasta área verde oferece vistas deslumbrantes da ponte Golden Gate e da baía de São Francisco *(págs. 8-9)*.

Yerba Buena Gardens
Fontes, monumentos e esculturas enfeitam os belos jardins. Nos dias bonitos, o gramado fica cheio de gente tomando sol *(pág. 40)*.

Golden Gate Park
Um dos maiores parques urbanos dos Estados Unidos, o Golden Gate oferece diversas atividades recreativas *(págs. 54-5)*.

Stinson Beach
Cinco quilômetros de areia fofa fazem desta praia uma das mais procuradas da baía *(pág. 67)*.

Lafayette Park
Um paraíso no alto de Pacific Heights. Uma escadaria íngreme conduz ao topo, de onde há vistas encantadoras *(pág. 16)*.

O pitoresco Lafayette Park, em Pacific Heights

PRESIDIO

Este recanto da cidade está voltado para a entrada da baía de São Francisco e para a Golden Gate Bridge. Por muitos anos Presidio foi uma base militar, mas em 1994 a área começou a ser transformada em parque nacional e agora tem opções de lazer contrastantes: os visitantes podem ver as plataformas de artilharia da Guerra de Secessão e praças de armas e casernas do século 19 ou passear por quilômetros de trilhas pela floresta. O local foi plantado com pinheiros e eucaliptos e é um refúgio de animais silvestres.

PRINCIPAIS ATRAÇÕES

Ruas e Edifícios Históricos

Golden Gate Bridge págs. 10-1 ❶

Palace of Fine Arts e Exploratorium ❷

Museus e Galerias

Fort Point e Crissy Field ❸

Igrejas e Templos

Holy Virgin Cathedral ❺

Temple Emanu-El ❻

Parque e Praia

Baker Beach ❹

VEJA TAMBÉM

• *Sugestões pág. 13*

◀ *A Golden Gate Bridge vista da Baker Beach*

Golden Gate Bridge ❶

Batizada de "Golden Gate" por causa do nome dado a esta parte de São Francisco, a ponte foi inaugurada em 1937, ligando a cidade a Marin County. Esta obra espetacular e mundialmente famosa tem seis pistas para veículos e duas vias para pedestres e bicicletas, e oferece vistas de tirar o fôlego.

A passarela *permite que pedestres e ciclistas cruzem a ponte em segurança.*

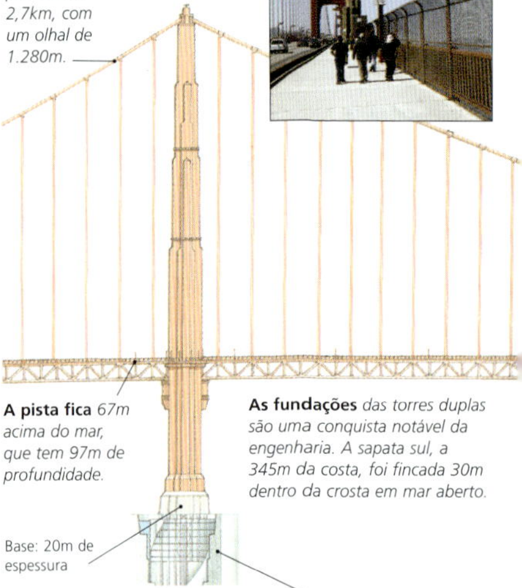

A Golden Gate Bridge *vista da China Beach*

PREPARE-SE

Mapa C1. Tel 923-2000. Passarela leste: aberta diariam, horário varia. Pedágio só no sentido sul.

Os primeiros veículos *a cruzar a ponte em 28 de maio de 1937, quando as cancelas se ergueram, foram os da comitiva oficial.*

O pedágio eletrônico Fas-Trak™ *diminuiu em 20min o tempo de espera nas cabines.*

Joseph Strauss, *o gigante da engenharia de Chicago, foi o chefe dos engenheiros, assessorado por Leon Moisseiff, O. H. Ammann, Charles Derleth e Charles Ellis. Irving F. Morrow participou como arquiteto-consultor.*

Paisagem de Vista Point *A melhor vista tanto da ponte como de São Francisco é do lado de Marin.*

A cúpula da Rotunda do Palace of Fine Arts

Palace of Fine Arts e Exploratorium ❷

Mapa F2. Palace: 3301 Lyon St. Aberto 6h-21h diariam. Exploratorium: 3601 Lyon St; aberto 10h-17h ter-dom. Entrada paga.

Única remanescente dos monumentos grandiosos construídos para a Exposição Panamá-Pacífico de 1915, esta estrutura neoclássica compreende uma rotunda central ladeada por colunas coríntias. Dentro do palácio fica o Exploratorium, um dos mais ativos museus científicos dos EUA. Há diversas exposições interativas e um centro de aprendizado multimídia.

Fort Point e Crissy Field ❸

Mapa D2. Aberto 10h-17h sex-dom.

Concluído em 1861 pelo Exército americano para proteger a baía de São Francisco de ataques inimigos, o forte é a mais importante das muitas construções militares ao longo da costa e é um exemplo clássico de fortaleza pré-Guerra de Secessão. A construção logo se tornou obsoleta porque as paredes de 3m de espessura não suportariam o poderio da artilharia moderna. Ele quase foi demolido nos anos 1930 para dar espaço à Golden Gate Bridge, mas sobreviveu. Hoje é um grande parque à beira-mar com uma bela vista da ponte.

Baker Beach ❹

Mapa C3. Amanhecer-anoitecer diariam.

A Baker Beach é a maior e mais popular praia da cidade, sempre cheia de gente tomando sol. A água gelada e as fortes correntezas marítimas tornam a praia perigosa para nadar, mas é um ótimo local para caminhar e pescar. Há bosques de pinheiros e ciprestes no promontório acima da praia, onde se pode conhecer a Battery Chamberlin, plataforma de artilharia de 1904.

Holy Virgin Cathedral ❺

Mapa C4. 6210 Geary Blvd. Aberto diariam.

As cúpulas douradas em forma de bulbos são a marca da russo-ortodoxa Holy Virgin Cathedral ou Russian Church in Exile, uma surpreendente

A catedral russo-ortodoxa Holy Virgin

atração no suburbano Richmond District. Construída no início dos anos 1960, geralmente está aberta só durante as missas. Ao contrário do que ocorre em muitas outras igrejas cristãs, nas missas realizadas aqui os fiéis ficam em pé, por isso não há bancos. A catedral e boa parte da vizinha zona comercial dos russos, como o animado restaurante Russian Renaissance, situam-se no coração da numerosa comunidade russa de São Francisco, que floresceu nos anos 1820 e se expandiu com as novas levas de imigrantes do final das décadas de 1950 e 1980.

Temple Emanu-El ❻

Mapa D3. Lake St com Arguello Blvd. Aberto seg-sáb.

Após a Primeira Guerra Mundial, centenas de judeus da Rússia e da Europa Oriental mudaram-se para o Richmond District e abriram centros religiosos. Entre eles está o Temple Emanu-El, cuja cúpula se inspira na de

Interior do Temple Emanu-El, com a Arca Sagrada

Santa Sofia, em Istambul, do século 6º. O templo é uma magnífica obra de arquitetura. Foi erguido em 1925 para a mais antiga congregação judaica da cidade. Com uma cúpula de telhas vermelhas, Emanu-el é um híbrido arquitetônico, mesclando o estilo da missão espanhola local com ornamentos bizantinos e arcadas romanescas. O interior, que acomoda quase 2 mil fiéis, fica ainda mais bonito quando os raios de sol atravessam os vitrais.

SUGESTÕES

RESTAURANTES

Assab Eritrean
Mapa E4. 2845 Geary Blvd.
Tel 441-7083.
Barato
Cozinha do leste da África, servida com o tradicional pão injera.

Good Luck Dim Sum
Mapa D4. 736 Clement St.
Tel 386-3388.
Barato
Um favorito local, famoso por servir o melhor dim sum.

Ver códigos de preço na pág. 80.

King of Thai
Mapa D4. 639 Clement St.
Tel 752-5198.
Barato
As massas orientais fumegantes são o hit da casa. Também há entradas vegetarianas.

Kabuto Sushi
Mapa D4. 5121 Geary Blvd.
Tel 752-5652.
Moderado
Sushis e sashimis frescos e criativos diferenciam o Kabuto das outras casas de sushi.

PACIFIC HEIGHTS E MARINA

Pacific Heights é um bairro sofisticado encravado em uma encosta de morro 100m acima da cidade. Fileiras de elegantes casas vitorianas ocupam as ruas arborizadas. Ao norte da Broadway, as ruas íngremes descem para o Marina District e acabam na baía de São Francisco. O bairro tem um ar de balneário à beira-mar para ricos, com butiques, cafés animados e iate clubes.

PRINCIPAIS ATRAÇÕES

Ruas e Edifícios Históricos
Fort Mason 9
Haas-Lilienthal House 1
Octagon House 6
Wave Organ 8

Parques e Jardins
Alta Plaza 3
Lafayette Park 2
Marina Green 7

Igrejas e Templos
Church of St. Mary the Virgin 5

Rua de Compras
Fillmore Street 4

VEJA TAMBÉM

• *Sugestões pág. 19*

0 metros 800
0 jardas 800

LEGENDA

Ponto final do bonde

◄ *Fachada sul da Spreckels Mansion*

A Haas-Lilienthal House, mansão de 1886 em estilo Queen Anne

Haas-Lilienthal House ❶

Mapa G3. 2007 Franklin St. Aberto 12h-15h qua e sáb, 11h-16h dom. Entrada paga.

Esta mansão no estilo Queen Anne foi construída em 1886 para o comerciante William Haas. Sua filha Alice Lilienthal viveu aqui até 1972, quando o imóvel foi doado para a Foundation for San Francisco's Architectural Heritage. É a única residência da época que hoje funciona como museu. Belo exemplar de casa vitoriana de classe média alta, a edificação tem esmeradas cumeeiras de madeira e uma torre circular. Uma mostra de fotografias no porão conta a história da casa e revela que esta construção grandiosa era até modesta em comparação com algumas das dezenas de mansões destruídas durante o grande incêndio de 1906.

Lafayette Park ❷

Mapa G3.

Um dos mais belos parques de São Francisco, o tranquilo Lafayette Park guarda um passado turbulento. Junto com Alta Plaza e Alamo Square, o terreno foi destinado a espaço público em 1855, mas grileiros e outros, inclusive um ex-procurador público, se reapossaram dele e construíram suas casas aqui. Mais tarde, as autoridades municipais concordaram em trocá-las por terrenos na Gough Street e as casas foram demolidas. Hoje, escadas íngremes conduzem ao topo do parque, onde há ótimas vistas. Nas ruas vizinhas existem vários palacetes, com destaque para os que ficam ao longo das ruas Broadway e Jackson e da Pacific Avenue no sentido leste-oeste, e nas ruas Gough, Octavia e Laguna no sentido norte-sul.

Vista pitoresca do Lafayette Park, em Pacific Heights

Alta Plaza ❸

Mapa F3.

Localizado no centro de Pacific Heights, Alta Plaza é um adorável parque urbano onde a elite de São Francisco gosta de relaxar. Degraus de pedra sobem da Clay Street,

Cow Hollow vista do alto, a partir da Fillmore Street

no lado sul do parque. Talvez você se lembre deles do cinema –Barbra Streisand desceu esses degraus em *Essa Pequena É uma Parada*. O parque também tem quadras de tênis e um playground. Do lado norte é possível ver mansões esplêndidas, entre as quais a Gibbs House, no nº 2.622 da Jackson Street.

Fillmore Street ❹

Mapa F3.

A Fillmore Street resistiu ao devastador terremoto de 1906 e por muitos anos funcionou como centro administrativo da cidade. Repartições públicas e também a iniciativa privada se instalaram em lojas, residências e até igrejas. Hoje, o principal centro comercial de Pacific Heights fica aqui, e vai da Jackson Street aos arredores da Japantown, perto da Bush Street. A região possui muitas livrarias e restaurantes. Todos os anos, no início de julho, a Fillmore Street sedia um festival de jazz que celebra a tradição musical do bairro com shows ao vivo e oficinas.

Church of St. Mary the Virgin ❺

Mapa F3. 2325 Union St.
Aberto seg-sex.

Como uma lembrança da época mais rural de Cow Hollow, esta igreja episcopal rústica, de ripas de madeira, fica na ponta oeste do que é hoje uma movimentada área comercial. No início do século 19, a área em torno da Union Street era usada como pasto para as vacas leiteiras da cidade. Uma das nascentes naturais que abasteciam de água os rebanhos de Cow Hollow ainda jorra no chão, hoje escondida dos que passam na rua pelo portão e pela cerca viva da igreja.

A construção é um exemplo inicial do estilo Arts and Crafts, que seria utilizado mais tarde em igrejas de mais destaque da Bay Area. Sob um telhado em ângulo agudo, as paredes são recobertas com sarrafos –ripas de sequoia pregadas sobre a estrutura de madeira em fileiras sobrepostas. Parte da igreja foi remodelada nos anos 1950 quando a entrada passou da Steiner Street para o lado oposto do edifício.

O Wave Organ, no final do cais do porto, a oeste

Octagon House ❻

Mapa G2. 2645 Gough St. Aberto 12h-15h segundo dom e segunda e quarta qui do mês, exceto jan.

Construída em 1861, a Octagon House tem este nome por causa da cúpula oitavada. Abriga uma coleção de artes decorativas e documentos históricos do período colonial. Também há mobiliário de época e pinturas, além de 54 das 56 assinaturas originais da Declaração da Independência.

Marina Green ❼

Mapa F2.

Uma longa e estreita faixa de gramado que percorre toda a extensão do Marina District, Marina Green é ótima para pipas e piqueniques. No 4 de Julho é possível assistir daqui ao maior espetáculo de fogos de artifício da cidade. Os calçadões da orla são o local preferido de ciclistas, corredores e patinadores. O Golden Gate Promenade leva da ponta oeste do gramado a Fort Point. Você pode ainda virar a oeste em direção ao Wave Organ, no final do cais.

Wave Organ ❽

Mapa F2.

Na ponta do quebra-mar que protege a Marina fica o instrumento musical mais inusitado do mundo. Construído por cientistas do Exploratorium, o "Órgão de Ondas" consiste de vários tubos submersos que ressoam e cantarolam com a mudança das marés. Os tubos de audição estão fincados em um minianfiteatro. Os sons que se ouvem lembram mais um encanamento ruidoso que música para órgão.

Fort Mason ❾

Mapa G2.

Fort Mason reflete a história militar de São Francisco. Até os anos 1890, o forte era apenas um posto de coman-

Brasão gravado no prédio do Fort Mason Center

do do Exército; na Segunda Guerra, a Base Militar de Fort Mason serviu como ponto de embarque de cerca de 1,6 milhão de soldados. O forte passou a ter fins pacíficos em 1972, embora alguns dos prédios de meados do século 19 ainda abriguem militares. Outros edifícios, no entanto, estão abertos ao público. Entre eles há as casernas originais e o antigo hospital, que funciona como Centro de Visitantes e sede central do Golden Gate National Recreation Area (GGNRA). Além da riqueza histórica e cultural, Fort Mason propicia uma das mais lindas vistas da majestosa Golden Gate Bridge e da ilha de Alcatraz.

Fort Mason Center

Parte do forte é ocupada por um dos melhores centros de arte de São Francisco. O Fort Mason Center abriga cerca de 25 organizações culturais, museus e teatros, incluindo o Cowell Theater e o Young Performers Theater. O SF MOMA Rental Gallery oferece trabalhos de artistas do norte da Califórnia para comprar ou alugar. Artistas italianos e ítalo-americanos expõem suas obras no Museo ItaloAmericano. A Maritime Library tem uma coleção maravilhosa de livros de história marítima e de modelos de navios. O próprio Maritime Museum *(pág. 26)* fica perto do Fisherman's Wharf.

SUGESTÕES

RESTAURANTES

Barney's Gourmet Burgers
Mapa F2. 3344 Steiner St. Tel 563-0307.
Barato
Deguste um dos melhores hambúrgueres da região no concorrido jardim.

Fresca
Mapa F3. 2114 Fillmore St. Tel 447-2668.
Barato
Este restaurante peruano serve uma deliciosa comida caseira e pratos com ingredientes do mar.

Betelnut
Mapa F3. 2030 Union St. Tel 929-8855.
Moderado
Apresenta a autêntica culinária pan-asiática.

Greens
Mapa G2. Building A, Fort Mason Center. Tel 771-6222.
Moderado
Restaurante vegetariano que é ponto de referência, com uma excelente padaria.

Ver códigos de preço na pág. 80.

CAFÉS E BARES

Elite Café
Mapa F3. 2049 Fillmore St.
Este café tem um concorrido bar que serve ostras frescas.

Rose's Café
Mapa F3. 2298 Union St.
Pratos de inspiração italiana, além de ótimas rabanadas.

COMPRAS

Sacramento Street Antique Dealers Association
Mapa E3. 3419 Sacramento St.
Oferece móveis e pequenos artigos para casa.

TAVERN
UMS
LUNCH
10¢
BEER
AUTO FERRY
TO
OAKLAND

FISHERMAN'S WHARF E NORTH BEACH

Pescadores de Gênova e da Sicília chegaram à área de Fisherman's Wharf no final do século 19 e aqui iniciaram a atividade pesqueira de São Francisco. Ao sul da área fica North Beach ou "Little Italy". Este lado animado da cidade tem várias délis e cafés e é também o lar de famílias italianas e chinesas, além de uma série de escritores.

PRINCIPAIS ATRAÇÕES

Ruas e Edifícios Históricos

Alcatraz Island págs. 24-5 7
Filbert e Greenwich Steps 17
Lombard Street 9
Pier 39 1
Vallejo Street Stairway 11

Museus e Galerias

North Beach Museum 12
Ripley's Believe It Or Not! Museum 4
San Francisco Art Institute 10
San Francisco National Maritime Museum 8
U.S.S. *Pampanito* 2
Wax Museum 3

Monumentos e Igrejas

Coit Tower 16
Saints Peter and Paul Church 14

Shoppings Centers

The Cannery 5
Ghirardelli Square 6

Parques e Jardins

Bocce Ball Courts 15
Washington Square 13

VEJA TAMBÉM

• *Sugestões pág. 29*

LEGENDA

- Ponto final do bonde
- Terminal de ferryboat
- Estação de bonde

0 metros 800

0 jardas 800

◄ *Mural da Coit Tower mostrando Fisherman's Wharf nos anos 1930*

O carrossel veneziano de dois andares no Pier 39

Pier 39 ❶

Mapa H1.

Reformado em 1978 para parecer uma vila de pescadores, este cais de carga de 1905 abriga hoje muitas lojas turísticas e restaurantes, distribuídos em dois pisos. Os artistas de rua e as diversões são populares. Você pode experimentar o carrossel veneziano de dois andares ou pular em um trampolim elástico. O Aquarium of the Bay permite que você fique cara a cara com tubarões e águas-vivas. Um espetáculo multimídia, *San Francisco Experience*, leva os visitantes a um passeio histórico pela cidade que inclui as celebrações do Ano-Novo Chinês, neblina e até um terremoto.

U.S.S. *Pampanito* ❷

Mapa G1. Pier 45.
Aberto diariam. Entrada paga.

Este submarino serviu na Segunda Guerra Mundial e resistiu a diversas batalhas sangrentas no Pacífico, afundando seis navios inimigos e danificando seriamente outros. Numa tragédia para os aliados, dois de seus alvos fatais levavam prisioneiros de guerra australianos e britânicos. Mas o *Pampanito* conseguiu resgatar 73 homens. A excursão pelo submarino leva os visitantes à sala dos torpedos, à cozinha e aos alojamentos dos oficiais. Quando estava na ativa, a tripulação era de dez oficiais e 70 marinheiros.

O U.S.S. Pampanito, *um fantástico submarino da Segunda Guerra*

Wax Museum ❸

Mapa H2. 145 Jefferson St.
Aberto diariam. Entrada paga.

Um dos maiores e mais atraentes acervos de figuras de cera em tamanho natural do mundo está exposto aqui. A tumba do faraó egípcio Tutancâmon foi recriada em uma mostra especial, e a cena da *Última Ceia* se destaca no Hall of Religions. No Hall of Living Art, retratos como o da *Mona Lisa* são reproduzidos em cera. Vários personagens da ficção dividem espaço com luminares históricos, entre eles 14 presidentes americanos, membros da família real britânica, William Shakespeare, Mozart e Elvis Presley. Um grupo de demônios, monstros e assassinos abomináveis ocupa a Chamber of Horrors.

Letreiro iluminado do Ripley's Believe It Or Not! Museum

Ripley's Believe It Or Not! Museum ❹

Mapa G2. 175 Jefferson St. Aberto diariam. Entrada paga.

O californiano Robert L. Ripley era um desenhista com mania de colecionar fatos e objetos peculiares. Ele conquistou fama e fortuna vendendo aos jornais do país tiras de quadrinhos chamadas de "*Ripley's Believe It Or Not!*" ("acredite se quiser"). Entre as 350 curiosidades expostas neste museu estão um bonde feito de 275 mil palitos de fósforo, um bezerro de duas cabeças e um torso humano "encolhido". Também há reproduções dos quadrinhos de Ripley.

The Cannery ❺

Mapa G2. 2801 Leavenworth St.

O interior desta fábrica de enlatados de frutas foi reformado na década de 1960. Agora há passarelas, pátios e galerias com restaurantes e lojas de produtos exclusivos que vendem roupas, bonecas para colecionadores e artesanato de índios norte-americanos. Aqui também ficava o Museum of the City of San Francisco, fechado por causa de um incêndio. Parte do acervo foi levado temporariamente para a prefeitura, mas o museu será transferido para um local definitivo no Old Mint.

Ghirardelli Square ❻

Mapa G2. 900 North Point St.

Com mais de 70 restaurantes e lojas, a Ghirardelli Square é um ponto bastante procurado de Fisherman's Wharf. No passado uma fábrica de chocolate e um lanifício, esta é a mais atraente das muitas fábricas reformadas de São Francisco. As antigas edificações de tijolo vermelho aparente contrastam com os novos e elegantes restaurantes e lojas instalados aqui. O shopping center preserva a famosa torre do relógio e o letreiro elétrico luminoso do telhado, marcas registradas da Ghirardelli. Em frente à praça, a Ghirardelli Chocolate Manufacturing ainda conserva as antigas máquinas de fazer chocolate e vende as famosas barras de chocolate, embora atualmente sejam feitas em San Leandro, no outro lado da baía. Também fica aqui a Fountain Plaza, uma colorida área externa de compras, que abriga muitas lojas de grife.

Fountain Plaza, na Ghirardelli Square

Alcatraz Island ❼

Alcatraz significa "pelicano" em espanhol –referência aos primeiros habitantes desta ilha rochosa e escarpada. A localização de Alcatraz, 5km a leste da Golden Gate, a torna estratégica. Em 1859, o exército instalou um forte aqui, que protegeu a baía de São Francisco até 1907, quando se tornou prisão militar. De 1934 a 1963, funcionou como penitenciária federal de segurança máxima. Em 1969, a ilha foi ocupada pelo Movimento Indígena Norte-Americano, que reivindicava sua propriedade. O grupo foi expulso em 1971, e hoje Alcatraz faz parte do Golden Gate National Recreation Area.

O farol *original de Alcatraz, o primeiro na costa do Pacífico dos EUA, foi construído em 1854 e trocado em 1909 pela estrutura atual.*

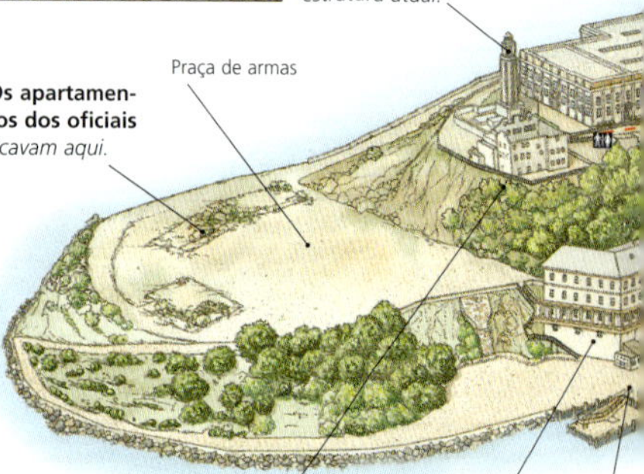

Praça de armas

Os apartamentos dos oficiais *ficavam aqui.*

A Casa do Diretor *sofreu severos danos provocados por fogo durante a ocupação dos índios norte-americanos entre 1969 e 1971.*

Edifícios de casernas

Molhe de Alcatraz: os presidiários pisavam em terra aqui. Hoje visitantes desembarcam neste píer.

PREPARE-SE

Mapa H1. Tel 705-5555 para ingressos e horários. Aberto diariam. www.nps.gov/alca

Pavilhão das celas *O presídio possui quatro blocos de celas. Nenhuma cela tem parede ou teto que dê para fora. As fundações da "Big House", como os detentos chamavam o pavilhão principal, ajustam-se às fundações originais da velha fortaleza militar.*

Detectores de metal *verificavam os presidiários na entrada e na saída do refeitório e dos pátios de exercício. A "máquina" em exposição é uma peça da filmagem de* Alcatraz: Fuga Impossível.

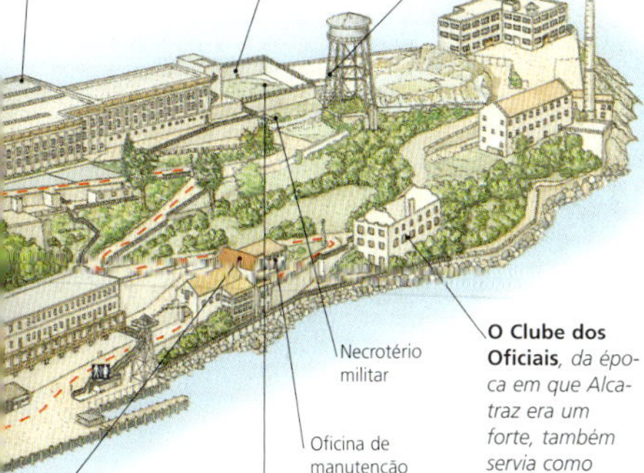

O Clube dos Oficiais, *da época em que Alcatraz era um forte, também servia como espaço de lazer da penitenciária.*

O alojamento militar *foi construído em 1933 para os agentes penitenciários.*

No pátio de exercícios *os presos faziam caminhadas diárias – o ponto alto da rotina. Este pátio murado aparece nos filmes rodados na prisão.*

San Francisco National Maritime Museum ❽

Mapa G2. 900 Beach St. Museu: fechado para reforma. Navios: abertos diariam. Entrada paga.

Fazendo lembrar um transatlântico encalhado, este prédio de 1939 passou a abrigar o Maritime Museum em 1951. Embora esteja fechado para reforma, os visitantes podem admirar sua arquitetura. O acervo inclui modelos detalhados de navios, instrumentos náuticos antigos e fotografias que retratam a história náutica local. No vizinho Hyde Street Pier está atracado um dos maiores acervos de navios antigos do mundo. Um dos mais espetaculares é o *C. A. Thayer*, escuna de três mastros construída em 1895 e encostada em 1950. A *Thayer* carregava madeira ao longo da Costa Norte da Califórnia e depois foi usada como pesqueiro no Alasca. Outro destaque é a *Eureka*, balsa de 2.560t com roda-d'água, construída em 1890 para transportar trens entre o Hyde Street Pier e o norte da baía. Com capacidade para 2.300 passageiros e 120 carros, era a maior da época.

Carros vencem a parte íngreme e sinuosa da Lombard Street

Lombard Street ❾

Mapa G2.

Com uma inclinação natural de 27°, este morro mostrou-se íngreme demais para a subida de veículos. Nos anos 1920, o trecho perto do topo de Russian Hill foi reformado, e seu declive amenizado com o acréscimo de oito curvas. Hoje é conhecida como a rua mais sinuosa do mundo, mas não chega a assustar os visitantes, que durante a descida são recompensados com magníficas vistas de North Beach. Os carros só descem, enquanto os pedestres usam as escadarias.

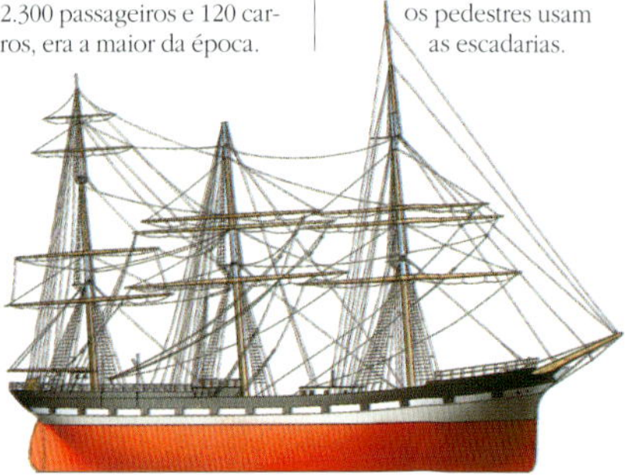

O navio Balclutha, *a estrela do Hyde Street Pier*

Mostras da herança cultural local no North Beach Museum

San Francisco Art Institute ⑩

Mapa G2. 800 Chestnut St. Aberto diariam.

O instituto ficava em uma mansão construída para a família de Mark Hopkins em Nob Hill, destruída no incêndio de 1906. Hoje os estudantes se alojam num prédio em estilo colonial. À esquerda da entrada principal fica a Diego Rivera Gallery, cujo nome vem do artista mexicano que ali pintou um de seus murais. Os principais espaços de exibição são as Walter and McBean Galleries.

Vallejo Street Stairway ⑪

Mapa H2. Mason St com Jones St.

A subida íngreme de Little Italy para o cume mais ao sul de Russian Hill oferece algumas das melhores vistas de Telegraph Hill, North Beach e da baía que os circunda. A rua se torna uma escadaria na altura da Mason Street, que conduz ao bonito e silencioso Ina Coolbrith Park.

North Beach Museum ⑫

Mapa H2. 1435 Stockton St. Aberto seg-sex.

Este museu documenta a história de Chinatown e North Beach com exposições de fotografias antigas. O acervo exalta o legado dos imigrantes italianos, chineses, chilenos e irlandeses que chegaram aqui no século 19, assim como o espírito boêmio de North Beach.

Washington Square ⑬

Mapa H2.

A praça consiste de um simples espaço de gramado situado entre as torres gêmeas de Saints Peter and Paul Church. Tem um clima quase mediterrâneo, apropriado para a "a praça da cidade" de Little Italy. Perto do centro da praça fica a estátua de Benjamin Franklin. Uma cápsula do tempo foi enterrada sob ela em 1979. Este parque pitoresco é cercado por restaurantes italianos, padarias e bares, e durante as manhãs é comum ver pessoas praticando tai chi no gramado.

Estátua de Benjamin Franklin

Saints Peter and Paul Church ⓮

Mapa H2. 666 Filbert St. Tel 421-0809. Missa e coral 11h45 dom.

Ainda conhecida por muitos como Catedral Italiana, esta igreja enorme fica no coração de North Beach e muitos italianos sentem-se acolhidos aqui. O prédio, projetado por Charles Fantoni, tem fachada renascentista e um interior notável, com muitas colunas e um altar ornamentado. Também há imagens e mosaicos iluminados por vitrais. O diretor de cinema Cecil B. DeMille filmou os operários trabalhando nas fundações de Saints Peter and Paul e usou a cena para representar a construção do Templo de Jerusalém no filme *Os Dez Mandamentos*, de 1923. A igreja também é chamada de Igreja dos Pescadores e, em outubro, atrai uma multidão para celebrar a Bênção da Frota, cerimônia tradicional siciliana de proteção aos pescadores.

A fachada da Saints Peter and Paul Church

Bocce Ball Courts ⓯

Mapa H2. Lombard St and Mason St, North Beach Playground. Aberto seg-sáb.

Os italianos são influentes em North Beach desde a primeira leva de imigrantes no final do século 19 e início do século 20. Junto com os costumes e a religião, eles também trouxeram a *bocce* (bocha) para a nova pátria. A versão italiana do boliche é jogada em uma pista mais estreita e curta do que a usada pelos ingleses. Em quase todas as tardes se joga bocha na área pública do North Beach Playground. Quatro participantes (ou quatro times) lançam bolas de madeira em direção à bola-alvo, menor, do lado oposto de cada pista. O objetivo é que a bola encontre o alvo; quem tiver chegado mais perto dele, fica com a maior pontuação.

Coit Tower ⓰

Mapa H2. 1 Telegraph Hill Blvd. Aberto até 18h30 diariam. Entrada paga.

A Coit Tower foi construída em 1993 no alto de Telegraph Hill, a 87m de altura, com o dinheiro deixado para a cidade por Lillie Hitchcock Coit, excêntrica pioneira e filantropa de São Francisco. Com 63m, a torre de concreto armado foi projetada como uma coluna estriada pelo arquiteto Arthur Brown. Do mirante, tem-se uma vista espetacular da zona norte da baía. No saguão há alguns murais interessantes que foram patrocinados por um programa do governo para dar emprego aos artistas durante a Grande Depressão. Vinte e cinco artistas uniram esforços para pintar um retrato intenso da vida na Califórnia moderna. As cenas vão das ruas fervilhantes do Financial District às fábricas, docas e campos de trigo do Vale Central. Pinturas que são uma crítica social da época.

A escadaria no fim da Filbert Street leva a Telegraph Hill

Filbert e Greenwich Steps ⓱

Mapa H2.

Telegraph Hill se curva de forma abrupta em seu lado leste e as ruas viram escadarias íngremes. Descendo do Telegraph Hill Boulevard, Filbert Street é uma escada tortuosa feita de madeira, tijolo e concreto, na qual florescem fúcsias, rododendros, buganvílias, funchos e amoreiras.

Quase paralela à Filbert Steps, esta escadaria na Greenwich Street oferece paisagem esplêndida, com as luxuriantes plantas dos jardins vizinhos curvando-se sobre ela. A subida feita por um lance de degraus e a descida feita por outro propiciam uma agradável caminhada pelo lado leste de Telegraph Hill.

SUGESTÕES

RESTAURANTES

Capp's Corner
Mapa H2. 1600 Powell St.
Tel 989-2589.
Barato
Serve uma versão americanizada da culinária italiana.

Gira Polli
Mapa H2. 659 Union St.
Tel 434-4472.
Barato
Dentre as especialidades está o frango assado no espeto.

Caffè Sport
Mapa F3. 574 Green St.
Tel 981-1251.
Moderado
Pratos generosos de aconchegante comida italiana.

Gary Danko
Mapa G2. 800 North Point St.
Tel 749-2060.
Caro
Aproveite a culinária com produtos frescos da Califórnia.

CAFÉS E BARES

Bimbo's 365 Club
Mapa H2. 1025 Columbus Ave.
No Bimbo se ouve rock, jazz, country e R&B.

Mario's Bohemian Cigar Store
Mapa H2. 566 Columbus Ave.
Mais conhecido pelos sanduíches de focaccia e ótimos cappuccinos.

Ver códigos de preço na pág. 80.

大
月
Moon Festival
HE ART Co
DIM
SUM
NO STOPPING
ANY
TIME
COCKTAILS
MUST
TURN RIGHT

CHINATOWN E NOB HILL

Os chineses se estabeleceram na praça da Stockton Street na década de 1850. Hoje lojas e mercados mantêm a ambientação típica de uma cidade do sul da China, mas os costumes são claramente variações norte-americanas sobre temas cantoneses. Mercados lotados, teatros e lojas dão ao bairro um ar de "cidade dentro da cidade" que atrai os turistas. Nob Hill é o morro mais famoso de São Francisco, por seus tradicionais bondes a cabo, pelos hotéis suntuosos e pela vista panorâmica.

PRINCIPAIS ATRAÇÕES

Ruas e Edifícios Históricos e Hotéis

Chinatown Alleys ❹
Chinatown Gateway ❶
Golden Gate Fortune Cookies ❸
Grant Avenue ❺
Mark Hopkins e Fairmont Hotels ❽

Museus e Galerias

Cable Car Museum ❾
Chinese Historical Society ❼
Pacific Heritage Museum ❻

Igrejas e Templos

Grace Cathedral ❿
Tin How Temple ❷

VEJA TAMBÉM

• *Sugestões pág. 35*

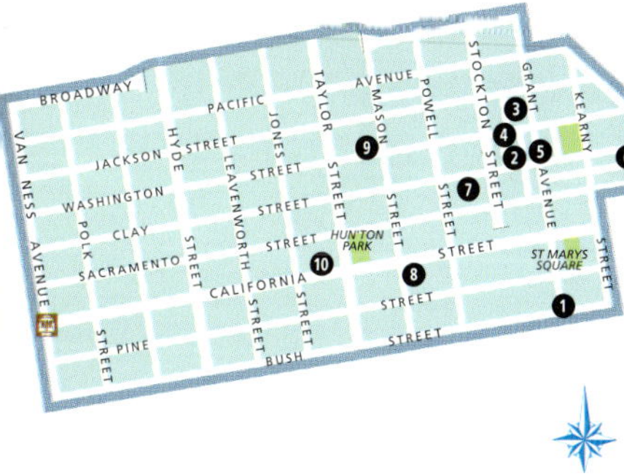

LEGENDA

Ponto final do bonde

0 metros 500

0 jardas 500

◀ *A movimentada via principal de Chinatown, Grant Avenue*

A "Dragons' Gate" marca a entrada sul de Chinatown

Chinatown Gateway ❶

Mapa H3. Grant Ave com Bush St.

Este portal adornado, inaugurado em 1970, dá acesso à principal via turística de Chinatown, a Grant Avenue. Este portal de três arcos é rematado por uma cobertura de telhas verdes e enfeitado com figuras de animais em cerâmica. A estrutura foi erguida por uma instituição norte-americana, a Chinatown Cultural Development Committee, com materiais doados por Taiwan. Ao passar o portal, estão algumas das melhores lojas do bairro, onde se acham antiguidades, seda bordada e pedras preciosas, mas com preços costumeiramente altos, "para turistas".

O antigo templo chinês Tin How

Tin How Temple ❷

Mapa H3. Último andar, 125 Waverly Pl. Aberto diariam.

Este templo incomum é dedicado a Tin How (Tien Hau), Rainha do Céu e protetora dos navegantes e dos visitantes. É o mais antigo templo chinês em atividade nos EUA. Está localizado no topo de três íngremes escadas de madeira. O espaço apertado é enfumaçado por incenso e oferendas de papel incineradas, e adornado com centenas de lanternas vermelhas e douradas.

Golden Gate Fortune Cookies ❸

Mapa H3. 56 Ross Alley. Aberto diariam.

Esta pequena padaria está em funcionamento desde 1962. Para fazer os biscoitos, a massa é despejada nas forminhas da máquina e cozida em uma esteira rolante; depois, as "sortes" (tiras de papel com predições) são inseridas e os biscoitos, embalados. Ironicamente, apesar de associado à cultura chinesa, o biscoito da sorte não existe na China. Na verdade ele foi criado em 1909 no Japanese Tea Garden de São Francisco pelo jardineiro da época, Makota Hagiwara.

Chinatown Alleys ❹

Mapa H3.

Localizadas entre a Grant Avenue e a Stockton Street, estas quatro vias estreitas cruzam a Washington Square à distância de meia quadra uma da outra. A maior é a Waverly Place, conhecida como "Street of Painted Balconies" (rua das sacadas pintadas), por razões óbvias para os transeuntes. As vielas têm muitos prédios antigos, assim como lojas e restaurantes. Há também estabelecimentos à moda antiga que vendem ervas e produtos exóticos como cavalos-marinhos, vinho de cobra e outros itens excêntricos expostos nas vitrines.

Lojas coloridas se alinham nas vielas movimentadas de Chinatown Alley

Grant Avenue ❺

Mapa H3.

Principal rua turística de Chinatown, a Grant Avenue destaca-se também por ter sido a primeira via de Yerba Buena, vilarejo que antecedeu São Francisco. Uma placa no nº 823 marca a quadra em que William A. Richardson e sua mulher mexicana ergueram a primeira "casa" de Yerba Buena, uma tenda de

Efígie do deus da longevidade na Grant Avenue

lona, em 1835. A rua onde os Richardsons construíram seu lar, a Casa Grande, era chamada de Calle de la Fundación, "rua da fundação" em espanhol. Foi rebatizada como Grant Avenue em 1885 em homenagem a Ulysses S. Grant, presidente dos EUA e general da Guerra de Secessão, morto naquele ano.

Pacific Heritage Museum ❻

Mapa H3. 608 Commercial St. Aberto 10h-16h ter-sáb.

Este museu sofisticado, com exposições de arte asiática frequentemente renovadas, é na verdade a síntese de dois edifícios diferentes. O U.S. Sub-Treasury foi construído aqui entre 1875 e 1877 no lugar da primeira casa da moeda de São Francisco. Do térreo, você pode ver velhos cofres de moedas. Em 1984, o impressionante edifício de 17 andares do Bank of Canton foi erguido sobre o edifício existente.

Chinese Historical Society ❼

Mapa H3. 965 Clay St.
Aberto diariam. Entrada paga.

Fundada em 1963, a Chinese Historical Society of America é a organização mais antiga dedicada à documentação e divulgação da história dos chineses na América. O acervo inclui a coleção de Daniel Ching, um traje ritual de dragão e um "garfo de tigre". Este tridente foi utilizado em uma das batalhas durante o reinado de terror conhecido como Guerras Tong. Muitos objetos, documentos e fotos ilustram a vida cotidiana dos imigrantes chineses em São Francisco nos séculos 19 e 20. A contribuição chinesa para o desenvolvimento da Califórnia foi imensa. Operários chineses participaram da construção do trecho ocidental da primeira ferrovia transcontinental e fizeram diques no delta do rio Sacramento.

Cabeça de dragão na Chinese Historical Society

Átrio do Mark Hopkins Inter-Continental Hotel

Mark Hopkins e Fairmont Hotels ❽

Mapa H3. Mark Hopkins Hotel: 999 California St.
Fairmont Hotel: 950 Mason St.

A pedido de sua mulher, Mark Hopkins mandou construir uma fantástica mansão de madeira em Nob Hill. Quando a sra. Hopkins morreu, a casa se tornou sede do então recém-inaugurado San Francisco Art Institute. Queimou no incêndio de 1906, e somente os muros de arrimo de granito resistiram. O atual edifício de 25 andares foi erguido em 1925. Top of the Mark, no 19º andar, é um dos bares mais famosos da cidade. O Fairmont Hotel, construído por Tessie Fair Oelrichs, ficou pronto na véspera do terremoto de 1906. O prédio em estilo Beaux Arts durou apenas dois dias antes de ser destruído pelo incêndio que se seguiu, mas foi reconstruído com a mesma fachada branca original. Um elevador panorâmico leva os visitantes até Fairmont Crown, o mirante mais alto da cidade.

Cable Car Museum 9

Mapa H3. 1201 Mason St.
Aberto diariam.

Este é, ao mesmo tempo, um museu e a casa de força do sistema de bondes a cabo. No térreo estão instalados os motores e as rodas que enrolam os cabos através do sistema de calhas e polias abaixo das ruas da cidade. Observe-os do mezanino. Construído em 1909, o museu exibe um antigo bonde a cabo e diversos tipos de mecanismos que controlam cada um dos carros.

Grace Cathedral 10

Mapa H3. 1100 California St.
Aberto diariam.

Concluída em 1964, a Grace Cathedral é a principal igreja episcopal da cidade. A construção foi inspirada na da Notre Dame de Paris. O interior é repleto de mármores e vitrais. Entre os objetos de destaque estão um crucifixo catalão do século 13, uma rosácea de vidro facetado e tapeçarias de seda de Bruxelas, do século 16.

O interior pitoresco da Grace Cathedral, em Nob Hill

SUGESTÕES

RESTAURANTES

Street
Mapa G3. 2141 Polk St.
Tel 775-1055.
Barato
Ótimas entradas de frutos do mar e pudim de noz-pecã.

Yuet Lee
Mapa H2. 1300 Stockton St.
Tel 982-6020.
Barato
Pratos de peixes e frutos do mar a preços econômicos.

Venticello
Mapa H3. 1257 Taylor St.
Tel 922-2545.
Moderado
Trattoria especializada na cozinha do Norte da Itália.

Ver códigos de preço na pág. 80.

Big Four
Mapa H3. 1075 California St.
Tel 771-1140.
Caro
Cardápio contemporâneo tradicional e de ótima qualidade.

CAFÉS E BARES

Café Bean
Mapa G3. 800 Sutter St.
Excelente café em Nob Hill com assentos junto às janelas.

Café de la Presse
Mapa H3. 352 Grant Ave.
Café em estilo parisiense com cafés e pratos de bistrô.

COMPRAS

The Wok Shop
Mapa H3. 718 Grant Ave.
Especializada em utensílios de cozinha chineses.

FINANCIAL DISTRICT E UNION SQUARE

Montgomery Street, hoje no coração do Financial District, já foi uma rua de lojinhas onde os mineiros vinham pesar suas pepitas de ouro. Agora, os velhos átrios bancários do início do século 20 ficam à sombra de arranha-céus de aço, e multidões de funcionários de escritório abarrotam as ruas. A Union Square é o ponto central da principal região de compras da cidade, onde há várias boas lojas de departamento.

PRINCIPAIS ATRAÇÕES

Ruas e Edifícios Históricos

California Historical Society 5

Ferry Building 4

Merchants Exchange 3

Powell Street Cable Car Turntable 9

Museus e Galerias

San Francisco Museum of Modern Art 10

Wells Fargo History Museum 1

Arquitetura Moderna

Rincon Center 6

Transamerica Pyramid 2

Yerba Buena Gardens 7

Parques e Praças

Union Square 8

LEGENDA

- Ponto final do bonde
- Estação BART
- Terminal de ferryboat
- Estação de bonde

VEJA TAMBÉM

• *Sugestões pág. 41*

◀ *Interior do Hyatt Regency Hotel, com a escultura* Eclipse *no centro*

Diligência original, em exposição no Wells Fargo History Room

Wells Fargo History Museum ❶

Mapa H3. 420 Montgomery St. Aberto seg-sex.

Fundada em 1852, a Wells Fargo & Co. tornou-se a maior companhia bancária e de transporte do Oeste, contribuindo para o desenvolvimento das novas fronteiras dos EUA. A companhia transportava pessoas e mercadorias da Costa Leste à Oeste e também entregava correspondência. A Wells Fargo colocou caixas postais em locais-chave, e os mensageiros separavam as cartas no caminho. O Pony Express foi outra aventura postal em que a Wells Fargo atuou. Suas diligências, como a que está exposta no museu, são famosas pelas lendárias histórias dos heroicos cocheiros e dos bandidos que as assaltavam. O assaltante mais conhecido foi Black Bart, que agia nas estradas desertas do condado de Calaveras até a fronteira do Oregon, entre 1875 e 1883. Os visitantes do museu podem experimentar como era sentar-se dias a fio numa sacolejante diligência e ouvir os diários gravados de imigrantes aventureiros. Entre as peças há correspondências do Pony Express, fotografias, armas e pepitas de ouro.

Transamerica Pyramid ❷

Mapa H3. 600 Montgomery St.

Rematada com uma agulha afilada no topo de seus 48 andares, a pirâmide chega a 256m acima do nível do mar. É o edifício mais alto da cidade, e fácil de reconhecer. Embora rejeitado pela população quando foi inaugurado em 1972, hoje o prédio é aceito como parte da paisagem. A pirâmide comporta 1.500 funcionários de escritórios num local que, historicamente, é um dos mais interessantes da cidade. O Montgomery Block, que alojava escritórios importantes e era o maior prédio a oeste do Mississipi, foi construído aqui em 1853. No porão ficava o Exchange Saloon, frequentado pelo escritor Mark Twain. Na década de 1860, artistas e escritores se fixaram no Montgomery Block. O terminal do Pony Express ficava na Merchant Street, em frente à pirâmide. Desde os atentados de 11 de setembro de 2001 a pirâmide foi fechada ao público.

Transamerica Pyramid, o edifício mais alto de São Francisco

Merchants Exchange ❸

Mapa H3. 465 California St. Aberto seg-sex.

A bolsa de mercadorias foi construída em 1903 e resistiu ao grande incêndio de 1906. O prédio foi um ponto vital para o mercado de commodities da cidade no início do século 20, quando, do alto da torre, vigias anunciavam a chegada dos navios do exterior. No interior, belas pinturas com cenas marítimas da época do vapor e da vela enfeitam as paredes.

Ferry Building ❹

Mapa J3. Embarcadero com Market St.

Construído entre 1896 e 1903, o Ferry Building sobreviveu ao grande incêndio de 1906. A linda torre do relógio de 71m de altura foi inspirada no campanário mourisco da Catedral de Sevilha. Na década de 1930, mais de 50 milhões de passageiros passavam por aqui todos os anos, boa parte deles vindo da Ferrovia Transcontinental em Oakland, e outros a caminho das residências do outro lado da baía. Com a inauguração da Bay Bridge, em 1936, o edifício deixou de ser o principal ponto de entrada da cidade e entrou em declínio. No entanto, foi renovado e hoje abriga mais de 40 restaurantes finos.

A torre do relógio no Ferry Building

California Historical Society ❺

Mapa J3. 678 Mission St. Aberto 12h-16h30 qua-sáb.

O CHS é a sociedade histórica oficial da Califórnia e oferece bibliotecas de pesquisa, museu, galerias e uma livraria. Abriga uma grande coleção de livros, manuscritos e artes decorativas. Também há uma exposição de arte, uma coleção de fotografias e um acervo único de roupas e objetos de moda antigos.

Rincon Center ❻

Mapa J3.

Este shopping center foi acrescentado ao antigo Rincon Annex Post Office Building em 1989. O Rincon Annex é famoso pelos murais de Anton Refregier, que mostram diversos aspectos da história da cidade.

Mural dos índios Kule Loklo no Rincon Center Annex

O Moscone Center, nos Yerba Buena Gardens

Yerba Buena Gardens ❼

Mapa H4. Mission, 3rd, Folsom e 4th Sts. Aberto diariam.

A construção do Moscone Center, o maior centro de convenções de São Francisco, marcou o início do projeto dos Yerba Buena Gardens. Novas moradias, hotéis e jardins foram feitos e continuam a ser planejados, rejuvenescendo uma antiga região decadente. O Zeum (espaço envidraçado de exposições), na cobertura do Yerba Buena, oferece uma programação animada de eventos artísticos para os mais jovens.

Union Square ❽

Mapa H3.

A Union Square ganhou este nome por causa das grandes manifestações pró-União realizadas aqui durante a Guerra de Secessão de 1861-65. Os comícios conseguiram apoio popular em São Francisco para a causa do Norte, e isso foi decisivo para a entrada da Califórnia na guerra, do lado da União. A praça fica no coração da região de compras da cidade. Do lado oeste limita-se com o Westin St. Francis Hotel. No centro da praça a estátua da Vitória, instalada sobre uma coluna de 27m, celebra a vitória do almirante Dewey na baía Manila, durante a Guerra Hispano-Americana de 1898.

Powell Street Cable Car Turntable ❾

Mapa H3. Hallidie Plaza, Powell St com Market St.

As linhas de bonde Powell-Hyde e Powell-Mason fazem os mais espetaculares percursos de São Francisco. Começam e terminam o trajeto a Nob Hill, Chinatown e Fisherman's Wharf na esquina da Powell Street com a Market Street. Ao contrário dos bondes com cabos de duas extremidades existentes na linha da California Street, os bondes da Powell Street foram feitos para andar em apenas uma direção –daí a necessidade de plataformas giratórias a cada ponto final. Depois que os passageiros desembarcam, o bonde é empurrado nessas plataformas e girado manualmente pelo condutor e pelo cobrador.

Monumento da Vitória, na Union Square

San Francisco Museum of Modern Art ❿

Mapa J3. 151 Third St. Aberto qui-ter.

Este museu constitui a base da reputação de São Francisco como importante centro de arte moderna. Criado em 1935 com o objetivo de expor obras de artistas do século 20, mudou-se para a nova sede em 1995. O ponto de convergência do prédio modernista é a claraboia cilíndrica a 38m de altura, que leva a luz até o átrio central do primeiro andar. O museu é uma usina de inspiração e incentivo ao mundo artístico local. Mais de 23 mil obras de arte estão espalhadas por 4.600m² de galerias em quatro andares. Sua força reside na escola do expressionimo abstrato norte-americano, na arte da Califórnia e em artistas da região da baía de São Francisco. Mas o museu também é reconhecido por seu acervo internacional, sobretudo nas áreas da pintura mexicana, do fauvismo e do expressionismo alemão. Há também mostras temporárias do mundo todo.

A fachada modernista do San Francisco Museum of Modern Art

SUGESTÕES

RESTAURANTES

Delancey Street Restaurant
Mapa J2. 600 Embarcadero.
Tel 512-5179.
Barato
Excelente cozinha americana.

Palomino
Mapa J3. 345 Spear St.
Tel 512-7400.
Moderado
Saborosas especialidades italianas, francesas e americanas.

Tadich Grill
Mapa J3. 240 California St.
Tel 391-1849.
Moderado
Serve um suculento cioppino e peixe fresco grelhado.

Aqua
Mapa J3. 252 California St.
Tel 956-9662.
Caro
Considerado o melhor da cidade em pescados e frutos do mar.

CAFÉS E BARES

Café Bastille
Mapa H3. 22 Belden Place.
Tel 986-5673.
Agradável bistrô francês com ambiente aconchegante.

COMPRAS

Bloomingdales
Mapa H4. 845 Market St.
Situada no Westfield shopping center.

Macy's
Mapa H3. Stockton com O'Farrell Sts.
Loja de departamentos com enorme variedade de produtos.

Nordstrom
Mapa H3. 865 Market St.
Ótima para moda e sapatos.

Tiffany & Co
Mapa H3. 350 Post St.
Joias e ouro trabalhados pelos melhores joalheiros do mundo.

Ver códigos de preço na pág. 80.

CIVIC CENTER

A Civic Center Plaza é o núcleo do centro administrativo de São Francisco e contém algumas das melhores obras arquitetônicas da cidade. Os grandes prédios governamentais e o complexo de artes cênicas são motivo de orgulho para os moradores. A destruição do antigo City Hall no terremoto de 1906 abriu caminho para a construção de um centro cívico moderno. Em 1987, a área foi declarada patrimônio histórico.

PRINCIPAIS ATRAÇÕES

Ruas e Edifícios Históricos

Alamo Square ❾
Bill Graham Civic Auditorium ❷
City Hall ❼
Veterans Building ❻

Arquitetura Moderna

Japan Center ❽

Teatros e Salas de Concerto

Louise M. Davies Symphony Hall ❹
War Memorial Opera House ❺

Museus e Galerias

Asian Art Museum ❶
San Francisco Art Commission Gallery ❸

VEJA TAMBÉM

• *Sugestões pág. 47*

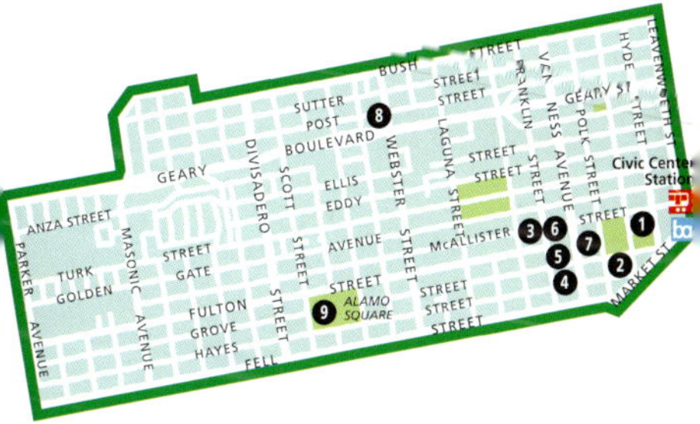

LEGENDA

Estação BART

Estação de bonde

0 metros 800

0 jardas 800

◀ *O centro da cidade visto da Alamo Square*

Asian Art Museum ❶

Mapa H4. 200 Larkin St. Aberto ter-dom. Entrada paga.

O Asian Art Museum está localizado na Civic Center Plaza, do outro lado do City Hall, em um edifício que era a joia da coroa do movimento Beaux Arts de São Francisco. Em 2001, a antiga Main Library, construída em 1917, ganhou reforços contra abalos sísmicos e uma reformulação do espaço original para criar o maior museu fora da Ásia dedicado exclusivamente à arte asiática. Com quase o dobro do tamanho do antigo museu, o atual Asian Art Museum tem um acervo de mais de 14 mil objetos de arte que abrangem 6 mil anos de história e representam diversas culturas e países da Ásia. Além das novas galerias, há locais para espetáculos e festivais, biblioteca, um centro de descobertas interativo onde as famílias podem conhecer a arte e a cultura asiáticas e salas para programas educacionais. O lindo café no terraço ao ar livre tem vista para o Civic Center e o shopping center Fulton Street.

A grande escadaria do Asian Art Museum

Bill Graham Civic Auditorium ❷

Mapa H4. 99 Grove St. Tel 974-4060. Aberto para apresentações.

Projetado em estilo Beaux Arts para ser o principal local da exposição Panamá-Pacífico, o auditório cívico de São Francisco foi inaugurado em 1915 e desde então tem sido um dos principais espaços culturais da cidade. O prédio foi concluído ao mesmo tempo que o City Hall, durante o renascimento arquitetônico que se seguiu ao terremoto de 1906, e construído juntamente com o vizinho Brooks Exhibit Hall, sob a Civic Center Plaza. O Civic Auditorium serve como um dos principais centros de conferências da cidade, com capacidade para 7 mil pessoas. Em 1992 seu nome foi mudado para homenagear o lendário Bill Graham, empresário de rock local que foi uma figura decisiva no desenvolvimento do som psicodélico que se tornou marca registrada da cidade.

San Francisco Art Commission Gallery ❸

Mapa G4. 401 Van Ness Ave. Aberto seg-sex.

Este modesto edifício do lado sul do City Hall é uma dinâmica galeria de arte municipal. Exibe algumas das melhores pinturas, esculturas e obras de multimídia produzidas por artistas locais, a maioria em início de carreira. O espaço aparentemente vazio ao lado do prédio também pertence à galeria e é utilizado para expor obras de arte de grande porte.

Louise M. Davies Symphony Hall ❹

Mapa G4. 201 Van Ness Ave.

Amada e detestada com a mesma intensidade pelos moradores de São Francisco, esta sala de concertos de fachada curvilínea envidraçada foi construída em 1980 –um projeto dos arquitetos Skidmore, Owings e Merrill. O prédio ultramoderno foi batizado em homenagem a uma destacada benfeitora, que doou US$5 milhões do total de US$35 milhões da obra. É sede da Orquestra Sinfônica de São Francisco e também recebe muitos artistas visitantes. Quando foi inaugurada, a acústica da sala desapontou, mas após dez anos de negociações foi instalado um sistema de som. O interior também foi reformado e as paredes remodeladas para refletir melhor o som. Essas medidas, de fato, conseguiram aprimorar a acústica.

War Memorial Opera House ❺

Mapa G4. 301 Van Ness Ave.

Inaugurado em 1932, o War Memorial Opera House era dedicado à memória dos soldados que combateram na Primeira Guerra Mundial. Em 1951 foi palco da assinatura do tratado de paz entre EUA e Japão, marcando o fim da guerra. O edifício agora é sede da San Francisco Opera.

Veterans Building ❻

Mapa G4. 401 Van Ness Ave. Aberto seg-sex.

Assim como seu quase idêntico irmão gêmeo, o War Memorial House, o multifuncional Veteran's Building foi projetado por Arthur Brown e construído em 1932 em homenagem aos soldados da Primeira Guerra Mundial. Além de exibir armas históricas, há vitrines com objetos militares. O prédio também é a sede do Herbst Theater, uma sala de concertos e teatro de 928 lugares. Graças à boa acústica, muitos recitais de música erudita ocorrem regularmente aqui. No anfiteatro foi assinada a Carta das Nações Unidas, em 1945.

Entrada principal do War Memorial Opera House, construído em 1932

City Hall 7

Mapa G4. 400 Van Ness Ave. Aberto seg-sex.

O City Hall foi concluído em 1915, bem a tempo para a exposição Panamá-Pacífico. Sua cúpula Grand Baroque teve como modelo a da Basílica de São Pedro, em Roma, e é mais alta que a do Capitólio, em Washington.

O edifício fica no meio do Civic Center e é um exemplar primoroso do estilo Beaux Arts. Figuras alegóricas que evocam o passado da cidade durante a Corrida do Ouro preenchem o frontão acima da entrada da Polk Street, que dá acesso à Rotunda, com piso de mármore. O prédio também abriga o Museum of the City of San Francisco.

O pagode de cinco andares do Japan Center ao entardecer

Japan Center 8

Mapa G3. Post St com Buchanan St. Aberto diariam.

O Japan Center foi construído como parte do projeto de revitalização do Fillmore District na década de 1960. Vários quarteirões de antigas casas vitorianas foram demolidos para dar lugar ao grande complexo de compras do Japan Center. Bem no meio do complexo e centrado sobre um pagode de concreto de cinco andares e 22m de altura fica o Peace Pagoda Garden. Percussionistas Taiko e outros grupos típicos se apresentam aqui durante o festival de Floração da Cerejeira, que ocorre todos os anos em abril. Os dois lados do jardim encantador são ocupados por fileiras de lojas e restaurantes japoneses. Há 75 anos este bairro é o centro da comunidade japonesa.

A fachada do City Hall, em estilo Beaux Arts, no centro do Civic Center

Alamo Square 9

Mapa F4.

A mais fotografada sequência de casas vitorianas de São Francisco fica no lado leste desta praça em declive, quase 68m mais alta que o Civic Center, propiciando ótimas vistas do City Hall, com os arranha-céus do Financial District ao fundo. A praça foi iniciada ao mesmo tempo que as duas praças de Pacific Heights, mas depois se desenvolveu bem mais rápido, com a construção de muitas casas quase idênticas. As "Seis Irmãs", casas no estilo Rainha Ana construídas em 1895 nos n°s 710 a 720 da Steiner Street, são bons exemplos. Elas aparecem em muitos cartões-postais de São Francisco. São tantas as antigas casas vitorianas nas ruas em volta da Alamo Square que a região foi declarada distrito histórico.

SUGESTÕES

RESTAURANTES

Mifune
Mapa G3. 1737 Post St.
Tel 922-0337.
Barato
Deliciosas sopas em estilo japonês e outras iguarias.

Hayes St. Grill
Mapa G4. 320 Hayes St.
Tel 863-5545.
Moderado
O mais pedido antes da ópera é o peixe fresco com fritas.

Indigo
Mapa G4. 687 McAllister St.
Tel 673-9353.
Moderado
Fenomenal carta de vinhos e cardápio da Nova América.

Jardiniere
Mapa G4. 300 Grove St.
Tel 861-5555.
Caro
Sofisticada cozinha francesa com inspiração na Califórnia.

CAFÉS E BARES

Absinthe Brasserie and Bar
Mapa G4. 398 Hayes St.
Coquetéis e um clássico cabaré.

Hotel Biron Wine
Mapa G4. 45 Rose St.
Bons vinhos, aperitivos e uma atmosfera descontraída.

Momi Toby's Revolution Café and Art Bar
Mapa G4. 528 Laguna St.
Comida em estilo bistrô e shows de artistas locais.

COMPRAS

Azalea Boutique
Mapa G4. 411 Hayes St.
Do estilo urbano informal ao glamour chique.

Japan Center
Mapa G3. Post St com Buchanan St.
Oferece comida exótica, produtos e artes do Oriente.

Micaela Gallery
Mapa G4. 333 Hayes St.
Expõe belas obras de artistas emergentes.

New India Bazaar
Mapa G3. 1107 Polk St.
Favorito local; temperos e produtos da Índia e do Paquistão.

Ver códigos de preço na pág. 80.

TIVELY HAIGHT ST

HAIGHT ASHBURY E MISSION DISTRICT

Ao norte de Twin Peaks –dois morros de 274m de altura– fica Haight Ashbury. Com fileiras de belas casas do fim do período vitoriano, é habitado principalmente pela classe média alta. Castro District, a leste, é o núcleo da comunidade gay de São Francisco. Famoso nos anos 1970 por seu hedonismo radical, o bairro se tornou mais tranquilo nos últimos tempos. Mission District, localizado ainda mais a leste, é residência de muitos latino-americanos.

PRINCIPAIS ATRAÇÕES

Ruas e Edifícios Históricos

Castro Street ❹
Dolores Park ❻
Haight Ashbury ❶
Lower Haight Neighborhood ❷

Igreja

Mission Dolores ❺

Parques e Jardins

Corona Heights e Randall Museum ❸
Twin Peaks ❽

Museus e Galerias

Carnaval Mural ❼

VEJA TAMBÉM

• *Sugestões pág. 53*

LEGENDA

Estação BART

Estação de bonde

0 quilômetros 1

0 milhas 1

◀ *Cena de rua em Haight Ashbury*

Haight Ashbury ❶

Mapa E5.

Batizado assim por causa do cruzamento de duas avenidas principais, Haight e Ashbury, este bairro abriga livrarias alternativas, amplas casas vitorianas e vários cafés. A área se desenvolveu rapidamente nos anos 1890, estabelecendo-se como um subúrbio de classe média.

Depois de ter sido concluído o túnel do bonde sob o Buena Vista Park, em 1928, a classe média iniciou o êxodo para os subúrbios. A região teve sua maré mais baixa nos pós-guerra. As grandes casas vitorianas foram divididas em apartamentos, e os aluguéis baratos atraíram uma população variada. Na década de 1960, o Haight se tornou centro de uma comunidade boêmia ou "hippie", com bandas de rock como o Greatful Dead. Em 1967, o "Summer Love" (Verão do Amor), incentivado pela mídia, atraiu cerca de 75 mil jovens em busca de amor livre, música e drogas. Hoje o Haight mantém o clima radical, mas há problemas de criminalidade e sem-tetos. Mesmo assim, dos agradáveis cafés aos brechós de roupa e livrarias descoladas, você ainda vai encontrar aqui um clima que remete ao passado.

O restaurante Cha Cha Cha, na Haight Street

Lower Haight Neighborhood ❷

Mapa G5.

A meio caminho entre o City Hall e Haight Ashbury, e delimitando a zona sul do Fillmore District, Lower Haight é uma área em transição. Galerias de arte e butiques incomuns, entre elas a loja Used Rubber USA, que vende roupas e acessórios feitos inteiramente de borracha reciclada, começaram a abrir aqui nos anos 1980. Elas se somaram aos cafés, bares e restaurantes baratos com clientela boêmia que já funcionavam no bairro. Essa mistura deu origem a uma das mais animadas áreas de São Francisco.

Como na vizinha Alamo Square, Lower Haight tem dezenas de casas conhecidas como "vitorianas", construídas no início do século 20. Entre elas há vários chalés pitorescos, como a Nightingale House, dos anos 1880, no nº 201 da Buchanan Street. Mas a construção de prédios populares nos anos 1950 afastou os mais abastados. A área é segura de dia, mas, como a Alamo Square, pode ser perigosa à noite.

A Mission de São Francisco vista de Corona Heights

Corona Heights e Randall Museum ❸

Mapa F5. Museu: aberto 10h-17h ter-sáb.

Corona Heights Park é um pico rochoso sem construções. Grudado à sua encosta há um inusitado museu para crianças, que convida à participação dos visitantes em várias exposições interativas. O Randall Museum Animal Room tem uma grande coleção de guaxinins, corujas, gambás e outros animais. As crianças podem escalar as escarpas do parque e há uma popular casa da árvore para os pequenos. A rocha nua propicia uma vista ampla da cidade e do leste da baía.

Castro Street ❹

Mapa F5.

Os arredores montanhosos da Castro Street, entre os Twin Peaks e o Mission District, são o núcleo da comunidade homossexual de São Francisco. O cruzamento da Castro Street com a 18th Street é chamado de "As Quatro Esquinas Mais Gays do Mundo", e surgiu nos anos 1970 como ponto de encontro homossexual. Os gays da geração Flower Power se mudaram para este bairro predominantemente operário, deram início à restauração de casas vitorianas e abriram negócios. Embora as diversas lojas e restaurantes atraiam todos os tipos de público, a identidade abertamente homossexual da Castro a tornou um local de peregrinação de gays e lésbicas.

Outro marco desta rua é o Castro Theater, concluído em 1922. Com um fascinante interior em estilo "Mil e Uma Noites", além do glorioso órgão Wurlitzer que emerge do chão entre as sessões, vale a pena pagar o ingresso para conhecer o local por dentro. O teatro, com 1.500 lugares, apresenta sobretudo remontagens de clássicos. Também sedia o Gay and Lesbian Film Festival, que ocorre todos os anos em junho.

O histórico Castro Theatre, um marco na Castro Street

Mission Dolores ❺

Mapa G5. 16th St com Dolores St. Aberto diariam.

Preservada intacta desde que foi construída em 1791, Mission Dolores é o mais antigo prédio da cidade e uma personificação das raízes religiosas da colonização espanhola de São Francisco. Fundada por um frade franciscano, frei Junípero Serra, é conhecida oficialmente como Mission of San Francisco de Asis. O nome Dolores vem de sua proximidade com a Laguna de los Dolores (lagoa de Nossa Senhora das Dores). O prédio é modesto para os padrões de uma missão, mas suas paredes grossas (1,2m de espessura) sobreviveram sem danos até hoje. Pinturas de nativos americanos adornam o teto.

Imagem de Mission Dolores

Há um altar e um retábulo barrocos e também uma exposição de documentos históricos no pequeno museu. A maioria das missas é rezada na basílica, construída em 1918. O cemitério de muros brancos guarda as sepulturas de franciscanos eminentes. Uma estátua marcava a vala comum de 5 mil indígenas norte-americanos, a maioria morta em duas grandes epidemias de sarampo, em 1804 e 1826. A estátua foi roubada e só restou o pedestal, onde se lê: "Em devota memória de nossos índios fiéis". A famosa cena de cemitério de *Vertigo (Um Corpo Que Cai)*, de Hitchcock, foi filmada aqui.

Dolores Park ❻

Mapa G6.

Antes local do principal cemitério judaico da cidade, o Dolores Park foi transformado em 1905 em um dos raros e amplos espaços abertos do Mission District. Delimitado pelas ruas Dolores, Church, 18th e 20th, ele fica no alto de um monte, com uma bela vista do centro da cidade. O Dolores Park é muito procurado de dia por tenistas e pelos que querem tomar sol, mas à noite pode atrair traficantes de drogas. Acima do parque, ao sul e a oeste, as ruas sobem tão íngremes que viram escadarias de pedestres. Aqui estão algumas das melhores casas vitorianas da cidade.

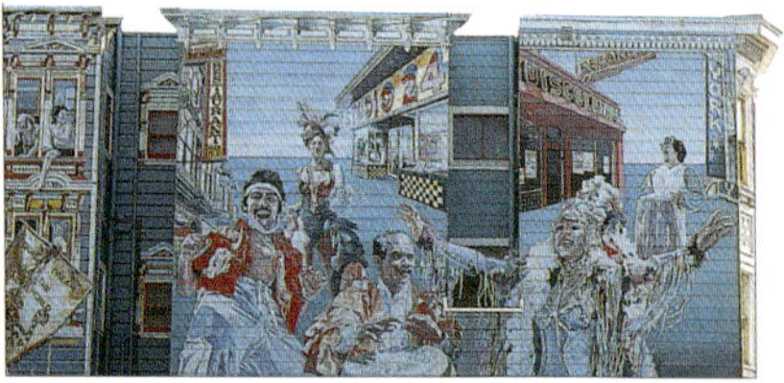

Detalhe do Carnaval Mural

Carnaval Mural 7

Mapa H6. 24th St com South Van Ness Ave.

Um dentre vários murais de cores vivas para serem vistos nos muros do Mission District, o *Carnaval Mural* homenageia os diferentes povos que se reúnem para os festejos do Carnaval. Esse evento, realizado anualmente no fim da primavera, é o ponto alto do ano. Outras organizações sociais promovem passeios guiados aos outros murais, alguns com temas políticos.

Twin Peaks 8

Mapa E6.

Estes dois morros foram primeiramente chamados em espanhol de El Pecho de la Chola (o peito da índia). No topo há um campo, com encostas íngremes cobertas de grama, do qual você pode desfrutar de vistas imbatíveis de toda São Francisco.

O Twin Peaks Boulevard circunda ambos os morros perto dos cumes, e há um estacionamento e um mirante para observar a cidade. Quem estiver preparado para subir a íngreme trilha até o cume deixará a multidão para trás e terá uma vista de 360°: a cidade a leste, o mar a oeste, a baía ao norte e os vales ao sul. Os bairros residenciais nas ladeiras mais abaixo têm ruas sinuosas que contornam os declives, em vez de se entrecruzarem, como é comum em São Francisco.

SUGESTÕES

RESTAURANTES

Citrus Club
Mapa E5. 1790 Haight St.
Tel 387-6366.
Barato
Um lugar casual com atmosfera polinésia.

Zazie
Mapa E5. 941 Cole St.
Tel 564-5332.
Barato
Deliciosas refeições em estilo bistrô e brunch farto sáb e dom.

Delfina
Mapa G6. 3621 18th St.
Tel 552-4055.
Moderado
Comida simples, impecavelmente temperada, da culinária do Norte da Itália.

Ver códigos de preço na pág. 80.

BARES E CAFÉS

Cha Cha Cha
Mapa G6. 2727 Mission St.
Oferece soberba sangria e tapas da melhor qualidade ao som de música latina ao vivo.

People's Café
Mapa E5. 1419 Haight St.
Um dos locais favoritos da cidade, serve cappuccinos e lanches excelentes.

COMPRAS

Amoeba Music
Mapa E5. 1855 Haight St.
Vasto acervo de LPs, CDs, fitas, vídeos e pôsteres.

Forever After Books
Mapa E5. 1475 Haight St.
Talvez a livraria mais descolada do mundo, com enorme variedade de títulos.

▲ *Pagode de madeira no Japanese Tea Garden, Golden Gate Park*

GOLDEN GATE PARK E LAND'S END

No sul do Richmond District fica o espetacular Golden Gate Park, uma obra-prima de projeto paisagístico. Aqui, pouca coisa cresce ao acaso e os arbustos e touceiras são escolhidos de tal forma que haja colorido em todas as estações. Entre as muitas atrações do parque há trilhas, instalações esportivas e museus. Existem outras áreas verdes no norte e no oeste do Richmond District, ligadas pela Coastal Trail. É aqui onde o acidentado Land's End encontra o mar.

PRINCIPAIS ATRAÇÕES

Museus e Galerias

California Academy of Sciences 5
de Young Museum 3
Legion of Honor 12

Parques e Jardins

Buffalo Paddock 9
Children's Playground 4
Conservatory of Flowers 6
Japanese Tea Garden 2
Land's End 13
Ocean Beach 11
Queen Wilhelmina Tulip Garden 10
Shakespeare Garden 1
Stow Lake 8
Strybing Arboretum 7

Edifício Histórico

Cliff House 14

VEJA TAMBÉM

• *Sugestões pág. 63*

Placas do Shakespeare Garden no Golden Gate Park

Shakespeare Garden ❶

Mapa D5. Music Concourse, Golden Gate Park.

Este charmoso jardim inglês abriga mais de 200 espécies de flores, ervas e plantas mencionadas nas obras de William Shakespeare. As citações relevantes estão inscritas em placas de bronze, em um muro nos fundos do lindo jardim.

Japanese Tea Garden ❷

Mapa D5. Music Concourse, Golden Gate Park. Aberto diariam. Entrada paga.

Criado pelo marchand George Turner Marsh para a Feira de Inverno da Califórnia, de 1894, este jardim encantador é uma atração concorrida. Está repleto de detalhes refinados como árvores bonsai, jardins de pedra, plantas exóticas e pagodes. A melhor época de visitação é em abril, quando as cerejeiras florescem. Um emaranhado de trilhas serpenteia pelos canteiros de árvores japonesas, arbustos e flores podados com esmero. A Moon Bridge, de arco acentuado, projeta um reflexo circular na água do lago. O maior Buda de bronze fora da Ásia, fundido no Japão em 1790, fica no topo das escadas do jardim.

de Young Museum ❸

Mapa D5. 50 Tea Garden Drive, Golden Gate Park. Aberto ter-dom. Entrada paga (grátis primeira ter do mês).

Fundado em 1895, o de Young Museum abriga um dos melhores acervos de arte da cidade. Em 1989 o edifício sofreu danos irreparáveis causados por um terremoto. Porém, em 2005 o velho prédio deu lugar a um maravilhoso espaço de exposições. O abrangente acervo do museu inclui, entre outras, arte norte-americana do século 19 e contemporânea, além de obras pré-colombianas, africanas e da Oceania. A coleção de arte norte-americana reúne mais de mil pinturas.

Portal do Japanese Tea Garden e algumas de suas plantas

Children's Playground ❹

Mapa E5. Kezar Drive, perto da First Ave. Adultos só entram acompanhados de crianças.

Construído em 1912, este é o mais antigo parque público infantil dos EUA, e criou um estilo seguido por muitos outros que surgiram depois. As crianças vão adorar a casa na árvore, as caixas de areia, os balanços e escorregadores e uma "fortaleza" para escalar. No carrossel de Herschell-Spillman, instalado numa estrutura de inspiração grega, de 1892, as crianças cavalgam feras de cores vivas. No verão, são frequentes as apresentações de teatro de marionetes para divertir crianças de todas as idades.

California Academy of Sciences ❺

Mapa D5. 55 Concourse Drive, Golden Gate Park. www.calacademy.org

A California Academy of Sciences é um dos poucos espaços do país com aquário, planetário e museu de história natural. Tudo fica alojado num edifício reformado que inclui um "telhado vivo", repleto de plantas nativas e áreas para mostras temporárias.

No centro do edifício há uma *piazza* que oferece vistas excelentes do Golden Gate Park. O auditório, localizado acima do café, sedia exposições temporárias, apresentações e programas especiais. Na parte de trás do prédio fica o acervo do museu, com mais de 20 milhões de espécimes científicos, expostos junto com laboratórios de pesquisa.

Fascinante ambiente marinho em exposição no Steinhart Aquarium

Steinhart Aquarium
Inaugurado em 1923, este é o mais antigo aquário municipal dos EUA. Entre as atrações há o mais profundo recife de coral vivo do mundo, um pântano em dois níveis e a reprodução de uma "poça de maré", em que os visitantes podem tocar em estrelas do mar e caranguejos-eremitas.

Morrison Planetarium
Arte de ponta e tecnologia digital transformam o teto em um fascinante céu noturno.

Kimball Natural History Museum
Este museu exibe mais de 18 milhões de espécimes de história natural do acervo científico da Academia. Os dioramas do African Hall retratam a vida selvagem no ambiente natural.

Rainforests of the World
A enorme diversidade dos ecossistemas da Califórnia é explorada aqui. A exposição oferece uma viagem através de quatro habitats diferentes de floresta tropical.

Japanese Tea Garden no Golden Gate Park ▶

O Conservatory of Flowers, antes dos danos causados pelo furacão

Conservatory of Flowers ❻

Mapa E5. John F. Kennedy Drive, Golden Gate Park. Aberto 9h-16h30 ter-sáb. Entrada paga (grátis primeira ter do mês).

Esta estufa ornamentada era a mais antiga construção do Golden Gate Park. Uma verdadeira floresta de palmeiras, samambaias e orquídeas cresceu aqui, mas o furacão que atingiu a cidade em 1995 causou sérios danos ao local. Após uma campanha para levantar fundos para a reforma, ela foi reaberta em 2003.

Strybing Arboretum ❼

Mapa D5. 9th Ave at Lincoln Way, Golden Gate Park. Aberto diariam.

Aqui estão expostas 7.500 espécies de plantas, árvores e arbustos de vários países. Há jardins do México, da Austrália, da África e da América do Sul, além de um dedicado inteiramente às plantas nativas da Califórnia. O encantador Moon-Viewing Garden exibe plantas do Leste Asiático num ambiente que, ao contrário do Japanese Tea Garden, é mais natural que planejado. Tanto ervas medicinais como culinárias crescem no Garden of Fragrance, que foi projetado para cegos –as plantas estão identificadas em braile. Em outra área plantaram-se sequoias nativas da Califórnia, recriando a flora e a ambientação de uma floresta costeira do norte da Califórnia. Há ainda a New World Cloud Forest, com a flora das montanhas da América Central. O Arboretum tem uma loja que vende sementes e livros, e abriga a Helen Crocker Russell Library of Horticulture.

Stow Lake ❽

Mapa D5. Stow Lake Drive, Golden Gate Park.

Este lago artificial foi criado em 1895 ao redor do Strawberry Hill, de modo que o topo do morro se tornou uma ilha no lago, ligada à terra por duas pontes de pedra. O curso d'água circular do Stow Lake faz dele um local ideal para, a partir da casa de barcos, dar voltas a remo. Há um observatório celeste chinês na beira da ilha, que foi dado de presente a São Francisco por sua cidade-irmã em Taiwan, Taipé. O prédio vermelho e verde foi embarcado para São Francisco em 6 mil peças e depois montado na ilha. O milionário Collis P. Huntington doou o dinheiro para a criação do reservatório e da cascata que deságua no Stow Lake. Conhecida como Huntington Falls, ela é uma das grandes atrações do parque.

Buffalo Paddock ❾

Mapa B5. John F. Kennedy Drive, Golden Gate Park.

Os búfalos que pastam neste curral são os maiores animais terrestres da América do Norte. Com chifres curtos e corcova nas costas, o búfalo, ou bisão americano, é o símbolo das planícies norte-americanas. Este curral foi feito em 1892, numa época em que o búfalo estava à beira da extinção. Em 1902, William Cody, o "Buffalo Bill", trocou um de seus búfalos por outro do rebanho do Golden Gate Park. Ambos os lados acharam que tinham se livrado de uma fera indomável, mas a aquisição de Cody pulou a cerca e fugiu. Para recapturá-lo foi preciso reunir 80 homens.

Queen Wilhelmina Tulip Garden ❿

Mapa A5.

O Dutch Windmill (moinho holandês) foi erguido em 1903 perto da ponta noroeste do Golden Gate Park. Sua finalidade era bombear a água de um lençol subterrâneo para irrigar o parque, mas agora ele não é mais usado. Seu parceiro, o Murphy Windmill, foi construído no canto sudoeste do parque em 1905. O lindo jardim de tulipas foi batizado em homenagem à rainha Guilhermina, da Holanda.

O moinho holandês no Queen Wilhelmina Tulip Garden

Ocean Beach ⓫

Mapa A5.

A maior parte da divisa oeste de São Francisco é delimitada por esta larga faixa de areia. Sublime quando vista da Cliff House ou de Sutro Heights, a praia é perigosa para nadar por causa da água gelada e da forte correnteza. É comum ver surfistas com roupas de mergulho, mas há sempre um vento forte ou nevoeiro. Nos raros dias quentes, atrai quem quer tomar sol ou fazer piquenique.

Vista da Ocean Beach para as Seal Rocks

Legion of Honor ⓬

Mapa B4. Lincoln Park, 34th Ave com Clement St. Aberto 9h30-17h15 ter-dom. Entrada paga (grátis primeira ter do mês).

Inspirado no Palais de La Légion d'Honneur de Paris, Alma de Bretteville Spreckels construiu este museu nos anos 1920 para promover a arte francesa na Califórnia e lembrar os soldados mortos na Primeira Guerra Mundial. Projetado pelo arquiteto George Applegarth, é um belo edifício em um cenário natural. Contém sobretudo obras de arte europeias dos últimos oito séculos, inclusive pinturas de Monet, Rubens, Rembrandt, Degas, Matisse e Picasso, e mais de 70 esculturas de Rodin. A Achenback Foundation, uma famosa coleção de obras gráficas, ocupa parte da galeria. O acervo permanente do museu é exposto em 19 galerias no primeiro andar. Começando à esquerda da entrada principal, as obras estão dispostas em ordem cronológica, da era medieval ao século 20. As mostras temporárias ficam no subsolo. O museu também tem excelentes exposições itinerantes.

O farol de Mile Rock visto de Land's End

Land's End ⓭

Mapa B3.

Paisagem acidentada à beira-mar com rochas, penhascos e densos bosques de ciprestes, Land's End é a região mais agreste de São Francisco. Chega-se a ela a pé pela Coastal Trail, saindo pelas escadarias do Legion of Honor ou do estacionamento de Point Lobos, perto do Sutro Heights Park. A Coastal Trail termina em um mirante espetacular com vista para a Golden Gate. Não saia da trilha, porque você pode ficar preso na mudança de maré ou ser arrastado por ondas maiores. Informe-se sobre as marés ligando para o National Parks Service Visitors Center (tel 556-8642). Daqui é possível ver o Mile Rocky Lighthouse.

Cliff House, aninhada nos rochedos sobre o oceano Pacífico

Cliff House ⓮

Mapa A4. 1090 Point Lobos. Aberto diariam. Entrada paga.

Construída em 1909, a atual estrutura é a terceira no mesmo lugar, e foi reformada em 2004. O prédio anterior, um castelo gótico vitoriano de oito andares que pegou fogo em 1907, havia sido erguido pelo extravagante empresário Adolph Sutro. Sua propriedade no morro acima da Cliff House é agora o Sutro Heights Park. Há diversos restaurantes nos andares superiores e três plataformas de observação com vistas panorâmicas do oceano Pacífico. Uma outra ala contém dois bares, um centro de visitantes e a Camera Obscura, localizada no piso inferior.

SUGESTÕES

RESTAURANTES

Cliff House
Mapa A4. 1090 Point Lobos Ave. Tel 386-3330.
Barato
Culinária à base de frutos do mar. Linda vista de Seal Rocks com suas focas.

La Vie
Mapa C4. 5830 Geary Blvd. Tel 668-8080.
Barato
Excelente comida vietnamita com toque francês.

Namu
Mapa D4. 439 Balboa St. Tel 386-8332.
Barato
Grelhados no carvão, de inspiração japonesa e coreana.

Ton Kiang
Mapa C4. 5821 Geary Blvd. Tel 387-8273.
Barato
Um dos melhores restaurantes de dim sum da cidade.

Aziza
Mapa C4. 5800 Geary Blvd. Tel 752-2222.
Moderado
Especialidades marroquinas exóticas como cuscuz aromatizado e chá de hortelã.

Ebisu
Mapa D. 1283 Ninth Ave. Tel 566-1770.
Moderado
Serve um dos sushis mais frescos da cidade.

CAFÉS E BARES

Beach Chalet Brewery
Mapa A5. 1000 Great Hwy.
Tome uma cerveja e aprecie a linda vista do oceano.

Eldos
Mapa D5. 1326 Ninth Ave. Tel 564-0475.
A casa é uma mistura de pub e taqueria, com saborosos burritos e tacos.

Pacific Café
Mapa C4. 7000 Geary St.
Restaurante retrô , serve peixes grelhados e bons vinhos.

Pat O'Shea's Mad Hatter
Mapa D4. 3848 Geary Blvd.
Combinação de um sports bar com um bar irlandês.

COMPRAS

Troika
Mapa C4. 6300 Geary Blvd.
Todos os tipos de itens colecionáveis, a maioria russos.

Ver códigos de preço na pág. 80.

FORA DO CENTRO

Os povoamentos em torno da baía que antes eram locais de veraneio hoje são grandes subúrbios ou cidades independentes. Ao norte da ponte Golden Gate, o monte Tamalpais propicia vistas magníficas da Bay Area. No leste da baía estão o museu e o porto de Oakland, além da famosa universidade. Para o sul fica o zoo de São Francisco.

PRINCIPAIS ATRAÇÕES

Parques e Jardins

Angel Island 8
Mount Tamalpais 5
Muir Woods and Beach 4
San Francisco Zoo 1

Ruas, Cidades e Edifícios Históricos

Berkeley 9
Napa Valley 13
Oakland 10
San Jose 12
Sausalito 6
Stanford University 11
Tiburon 7

Praias

Point Reyes National Seashore 2
Stinson Beach 3

VEJA TAMBÉM

• *Sugestões pág. 73*

LEGENDA

Aeroporto

0 quilômetros 25

0 milhas 25

◄ *A ponte São Francisco-Oakland vista da Treasure Island*

San Francisco Zoo ❶

Sloat Blvd com 45th Ave. Aberto diariam. Entrada paga (grátis primeira qua do mês para moradores de São Francisco).

O zoológico de São Francisco fica no extremo sul da cidade, entre o oceano Pacífico e o lago Merced. Aqui vivem mais de mil espécies de aves e mamíferos, dentre as quais 30 que estão ameaçadas de extinção, como a onça-pintada asiática, um tigre-de-bengala e um jaguar. No inovador Primate Discovery Center há 15 espécies de primatas, entre eles macacos e langures.

Um dos destaques do zoo é o Koala Crossing, que reproduz uma estação rural australiana. No Otter River, há cascatas e um lago com peixes vivos e lontras norte-americanas. O Gorilla World é um dos maiores recintos naturais do mundo. Em geral, os animais são alimentados de manhã e no fim da tarde. São concorridos os horários de alimentação dos ursos-cinzentos (11h), dos pinguins (14h30) e das girafas (16h). Logo a seguir há o Children's Zoo, onde as crianças podem tocar em alguns animais.

Point Reyes National Seashore ❷

US Highway 1 para Olema; depois de passar a cidade, siga as placas para Point Reyes National Seashore.

Os 285km² de litoral natural intocado fazem deste promontório um refúgio da vida selvagem, que inclui alces-do-charco, aves e flores silvestres. Há também gado e ranchos de laticínios, além de três vilas: Olema, Point Reyes Station e Inverness.

Em 1579, o explorador britânico Francis Drake teria ancorado na Drake's Bay. Ele batizou a terra de Nova Albion e declarou-a inglesa. A península fica a oeste da falha de San Andreas, que causou o terremoto de 1906. Uma cerca deslocada na Earthquake Trail, perto do Centro de Visitantes de Bear Valley, é uma prova de como a falha geológica fez a península se mover 6m para o norte do continente.

O Centro de Visitantes tem tabelas de marés e mapas das trilhas. De dezembro a meados de março, do Point Reyes Lighthouse é possível observar lindas baleias em migração e leões-marinhos ao largo da costa.

Fazenda de laticínios na pitoresca Point Reyes

Sequoias gigantes no Muir Woods National Monument

Stinson Beach ❸

US 101 N para a Highway 1, siga para Stinson Beach.

Desde o início do século 20 este local é um dos favoritos para tirar férias. Os primeiros visitantes vinham de São Francisco de balsa e eram recebidos por carroças puxadas por cavalos. Stinson ainda é a praia preferida para banhos de toda São Francisco. É uma faixa extensa de areia macia, em que surfistas se misturam a banhistas. A vila vizinha tem boas livrarias, alguns restaurantes e uma mercearia.

Muir Woods and Beach ❹

US 101 N, saia para a Highway 1; depois entre na Panoramic Highway e siga as placas para Muir Woods ou fique na Highway 1 até a saída para Muir Beach.

No sopé do monte Tamalpais, o Muir Woods National Monument é um dos poucos pontos remanescentes na costa com sequoias nativas. Essas árvores gigantescas (a mais velha tem pelo menos mil anos) cobriam todo o litoral da Califórnia. O bosque ganhou esse nome em homenagem a John Muir, naturalista do século 19 que foi um dos pioneiros na defesa da preservação do meio ambiente.

O Redwood Creek (riacho das sequoias) nasce em Muir Woods e deságua no mar na Muir Beach, praia que atrai catadores de conchas e grupos que fazem piquenique. A estrada que leva à praia passa pelo Pelican Inn, pousada em estilo inglês do século 16 que se orgulha de sua hospitalidade e de seu cardápio. Ao sul de Stinson, a praia forma uma enseada protegida do vento pelos penhascos.

Mount Tamalpais ❺

US 101 N, saia para a Highway 1, pegue a Panoramic Highway.

O Mount Tamalpais State Park, uma reserva natural intocada, contém longas trilhas que percorrem bosques de sequoias e margeiam riachos, além de áreas de piquenique e acampamento. O monte Tamalpais, de 784m, é o maior pico da área da baía. Suas trilhas íngremes e difíceis deram origem ao mountain bike. Perto do cume, o Mountain Theater é um anfiteatro natural com bancos de pedra onde se realizam musicais e peças teatrais.

O anfiteatro natural no monte Tamalpais

A atraente rua principal de Tiburon

Sausalito ❻

US 101 N, primeira saída depois da ponte Golden Gate, para Bridgeway. Aberto ter-sáb.

Nesta pequena cidade que já foi vila de pescadores, bangalôs vitorianos se agarram aos morros íngremes que sobem da baía. Paralela à orla, a Bridgeway Avenue funciona como passeio público para os grupos de fim de semana que vêm para aproveitar os restaurantes, as lojas e a vista. Village Fair é um conjunto eclético de butiques num antigo armazém. No nº 2.100 da Bridgeway, o Bay Model simula o movimento das marés.

O pitoresco porto de Sausalito, um destino popular nos fins de semana

Tiburon ❼

US 101 N, saída Tiburon Blvd.

A rua principal desta chique cidade litorânea está repleta de lojas e restaurantes. Eram casas flutuantes da virada do século 20 que foram trazidas para terra, enfileiradas e reformadas. Agora elas ficam no que se chama de "Ark Row". Menos agitada que Sausalito, Tiburon é uma boa cidade para caminhar, com parques tranquilos ao longo da linda beira-mar.

Angel Island ❽

Chega-se à ilha Angel de balsa, saindo de Tiburon e São Francisco. Os barcos atracam em Ayala Cove, com um gramado e mesas de piquenique. Esta ilha arborizada está 237m acima do nível do mar e é contornada por trilhas, que passam por uma guarnição militar desativada que alojou imigrantes asiáticos. Durante a Segunda Guerra, prisioneiros ficaram aqui. É proibido o trânsito de veículos, exceto os do parque. Os visitantes preferem andar a pé ou de bicicleta.

Berkeley ❾

University of California at Berkeley
Berkeley é uma das mais prestigiadas universidades do mundo. Fundada como uma utópica "Atenas do Pacífico" em 1868, conquistou mais de dez Prêmios Nobel entre seus graduados e professores. O campus foi erigido na bifurcação de Strawberry Creek. Hoje a universidade tem mais de 30 mil estudantes e conta com museus e espaços culturais como o University Art Museum, o Hearst Museum of Anthropology e a Sather Tower.

Telegraph Avenue
A rua mais fascinante de Berkeley é a Telegraph Avenue, que fica entre o Dwight Way e a universidade. Com muitos vendedores de rua, livrarias, cafés e lanchonetes, hoje a rua ainda fervilha de estudantes, músicos e manifestantes.

Tilden Park
Preservado em estado quase selvagem em sua maior parte, o Tilden Park oferece diversas atrações. É conhecido pelo encantador Botanical Garden, especializado em plantas californianas. Caminhando por uma ravina de sequoias, você vai de campos alpinos a jardins de cactos, e há ainda passeios ecológicos guiados. Se você tem filhos, não se esqueça de ir ao carrossel, ao terreiro de fazenda em miniatura e ao modelo de trem a vapor.

Fourth Street
Este encrave ao norte da University Avenue é característico da fina arte e do gosto requintado de Berkeley. Aqui você pode comprar de tudo –de papel feito à mão e móveis a verduras orgânicas.

Lawrence Hall of Science
Neste museu fascinante, as oficinas e os cursos fazem da ciência um prazer. Os mais jovens podem montar um esqueleto de dinossauro, alimentar uma cobra ou mapear estrelas no planetário. O dinossauro mecânico é popular entre os jovens.

University Botanical Garden
Mais de 12 mil espécies de plantas de todo o mundo, utilizadas sobretudo para pesquisa, florescem no cânion Strawberry de Berkeley. Merecem atenção especial os jardins asiático, africano, europeu e californiano.

Judah L. Magnus Museum
Este é o maior acervo da Califórnia de objetos históricos pertencentes à cultura judaica, da antiguidade aos dias de hoje. Entre eles há relíquias da arte judaica da Europa, da Índia e da Turquia. Palestras e mostras temporárias dão vida periodicamente às salas. A Biblioteca Blumenthal está sempre aberta a pesquisadores.

A Sather Tower, com 94m de altura, no campus de Berkeley

A delicatéssen italiana Ratto's

Oakland ⑩

Bay Bridge
A ponte San Francisco-Oakland Bay possui duas estruturas distintas, que se juntam na altura da ilha Yerba Buena, no meio da baía. Ela interliga com estradas e trilhos essa cidade peninsular, na altura do Rincon Hill, ao "continente" em Oakland. Tem dois níveis com cinco faixas de trânsito: o tráfego para São Francisco usa a pista de cima, e o que vai para Oakland, a de baixo. A seção leste do cantiléver é elevada em mais de 20 atracadouros. Penetrando na ilha por um túnel de 23m de altura, a estrada emerge na parte de West Bay da ponte.

Old Oakland
Também conhecidos como Victorian Row, estes prédios comerciais foram erguidos nos anos 1880. Passaram por uma reforma total nos anos 1980 e agora abrigam restaurantes, galerias de arte e lojas. Às sextas-feiras de manhã os consumidores vão ao Farmers' Market, onde são vendidos produtos frescos. Não deixe de ir à Ratto's, delicatéssen italiana famosa pelas "Pasta Operas" de sextas e sábados à noite, quando há serenatas para os clientes.

Jack London Square
Jack London, autor de *O Chamado da Selva*, cresceu em Oakland nos anos1880 e era frequentador assíduo da orla do estuário de Oakland. Você pode ir de carro ou de barco até o alegre calçadão de lojas e restaurantes.

Oakland Museum of California
Este é o único museu da Califórnia inteiramente dedicado à documentação da arte, da história e da ecologia do Estado. A galeria de ciências naturais apresenta "Um passeio pela Califórnia", com dioramas que retratam todos os ecossistemas e as espécies do Estado. A Gallery of California Art é famosa pelas antigas pinturas a óleo de Yosemite e São Francisco.

Carroça rural, Oakland Museum

Lake Merritt
Formados quando um estuário de maré foi dragado, aterrado e parcialmente represado, Lake Merritt e o parque que o cir-

cunda compõem um oásis no centro de Oakland. Remadores podem alugar barcos, e corredores e ciclistas podem percorrer a pista de 5km em torno do lago. A margem norte do parque tem jardins floridos e um Reino Encantado infantil.

Réplica da Esfinge, Egyptian Museum

Stanford University ⓫

Palo Alto.

Uma das mais prestigiadas universidades privadas, com 13 mil estudantes, Stanford foi construída por Leland Stanford e aberta em 1891. O centro do campus é a Main Quad (quadra principal), em estilo românico. As atrações mais importantes são a Memorial Church, a Hoover Tower e o Stanford University Museum of Art.

San Jose ⓬

The Winchester Mystery House
Quando a herdeira da fortuna de Winchester Rifle, Sarah Winchester, começou a construir sua casa, em 1884, um médium lhe disse que ela morreria se interrompesse a obra. Ela manteve pedreiros trabalhando no local por 38 anos, quando morreu aos 82 anos. O resultado é um bizarro complexo de 160 cômodos com algumas preciosidades, fincado em um esplêndido jardim.

Egyptian Museum and Planetarium
Inspirado no Templo de Amon, em Karnak, no Egito, o museu abriga um acervo enorme de artefatos antigos egípcios, babilônicos e sumérios. Em exposição há barcos e moldes funerários, tecidos coptas, múmias, cerâmica, joias e uma tumba em tamanho natural.

The Tech Museum of Innovation
Este museu tecnológico passou por uma ampliação que consumiu milhões de dólares. Está dividido em quatro galerias temáticas. Muitas das exposições são interativas, como uma que permite fazer seu próprio filme ou aprender sobre animação. Há também um cinema IMAX.

San Jose Historical Museum
Este museu em Kelley Park recria a San Jose do início do século 20. Mais de 20 casas residenciais e comerciais foram restauradas e montadas em torno de uma praça. Entre elas está o Corpo de Bombeiros, uma sorveteria e um posto de gasolina. No centro fica a Eletric Light Tower, de 35m de altura.

O Pensador, *na frente do Stanford University Museum of Art*

Napa Valley ⓭

Napa Valley Visitors Bureau, 1310 Napa Town Center.

O estreito vale do Napa, com suas encostas onduladas e solo fértil, é o coração da indústria vinícola da Califórnia. Possui mais de 275 vinícolas –cada parte do vale com seu vinho característico–, acervos de arte moderna, spas e ateliês de artesãos. Muitas vinícolas oferecem passeios, degustações e piqueniques. A beleza rural aqui é surpreendente em todas as estações. Outras atrações incluem museus, galerias e as fontes quentes em Calistoga.

Degustação de Vinhos

Muitas vinícolas têm salas de degustação com amostras da última safra, ou aceitam visitantes com hora marcada. Os funcionários conhecem os produtos, os preços, as características do solo e o clima que conferem sabor a cada vinho. Devido a sua popularidade, algumas vinícolas oferecem passeios com uma degustação no final, e alguns locais cobram pelo passeio e pela degustação.

O luxuoso Napa Valley Wine Train

Museus e Galerias de Arte

As vinícolas são ótimos espaços para exposições de arte, o que dá um toque cultural à experiência. A galeria Hess Collection expõe obras das coleções de pintura e escultura contemporânea europeia e norte-americana do proprietário Donald Hess. O acervo inclui os artistas Robert Motherwell e Frank Stella. A vinícola Clos Pegase tem um jardim de esculturas modernas e a Peju Province exibe arte contemporânea na sua Liana Gallery.

Arquitetura

Há muitas construções interessantes do ponto de vista arquitetônico no vale. A Vinícola Sterling, com seu prédio branco em estilo grego,

Balão de ar quente sobrevoa as vinícolas do Napa Valley

fica aninhada na colina Calistoga, enquanto a Vinícola Robert Mondavi tem seu edifício em estilo Missão californiano, com esculturas de animais e de São Francisco feitas pelo renomado escultor Beniamio Bufano. O arquiteto Michael Graves projetou a Vinícola Clos Pegase, de linhas pós-modernas.

Passeios de balão, bicicleta e trem

Ao amanhecer, o céu do Napa Valley exibe uma sucessão de balões de ar quente sobre os vinhedos. Quando pousam, os balonistas recebem um brinde de vinho. Os ciclistas podem pegar a Silverado Trail, no lado leste do vale, e visitar algumas das 30 vinícolas entre Napa e Calistoga. A viagem de ida e volta pelo Napa Valley Wine Train, de Napa a St. Helena, leva três horas, e inclui brunch, almoço ou jantar. Roteiros especiais param em Domaine Chandon. No vagão-restaurante há eventos temáticos como o Moonlight Escapade Dinner, jantar de cinco pratos que ocorre a cada lua cheia.

SUGESTÕES

RESTAURANTES

JZ Cool Eatery
827 Santa Cruz Ave, Menlo Park. Tel (650) 325-3665.
Barato
Esta déli serve sopas, sanduíches e sobremesas. Todos os ingredientes são orgânicos.

O Chame
1830 Fourth St, Berkeley,
Tel (510) 841-8783.
Barato
Pratos tradicionais japoneses como o teriyaki de salmão e a sopa missoshiru.

Olema Inn
10,000 Sir Francis Drake Blvd, Olema. Tel 663-9559.
Barato
A pousada oferece pratos simples e elegantes feitos com ingredientes locais frescos.

The Pelican Inn
10 Pacific Way, Muir Beach.
Tel 383-6000.
Barato
Pousada de madeira que serve clássicos da culinária britânica como a Shepherd's pie.

Chez Panisse
1517 Shattuck Ave, Berkeley.
Tel (510) 548-5525.
Caro
Um dos restaurantes mais apreciados do Estado, com excelente comida em estilo californiano.

Lark Creek Inn
234 Magnolia Ave, Larkspur.
Tel 924-7766.
Caro
Deguste primorosa comida caseira feita com carnes e produtos frescos da região.

CAFÉS E BARES

Dipsea Café
200 Shoreline Hwy, Mill Valley.
Tel 381-0298.
Entre as especialidades estão as deliciosas panquecas de mirtilo e a salsicha de frango.

Fenton's Creamery
4226 Piedmont Ave, Oakland.
Tel (510) 658-7000.
Saborosas pilhas de sorvete caseiro.

Ver códigos de preço na pág. 80.

Manual de Sobrevivência

São Francisco se autoproclama "A Cidade Favorita de Todos", o que é endossado por muitas revistas de viagens, que concederam vários prêmios às suas instalações. As informações a seguir ajudarão a localizar serviços úteis como bancos e atendimento médico. Saiba também como fazer uma ligação telefônica para o Brasil.

DINHEIRO

Moeda corrente

A moeda norte-americana é dividida em dólares e cents. Cem cents valem um dólar. Há cédulas de US$1, US$5, US$10, US$20, US$50 e US$100, e todas são da mesma cor.

Bancos e câmbio

Em São Francisco os bancos normalmente ficam abertos de segunda a sexta das 10h às 15h. Informe-se sempre se há alguma taxa especial antes de realizar sua transação. As principais agências dos grandes bancos realizam câmbio de moeda estrangeira. As agências chamadas Credit Unions atendem só seus membros; por isso, procure bancos abertos ao público geral.

Cartões de crédito

Os cartões de crédito praticamente valem dinheiro nos EUA e são muito úteis, sobretudo em emergências. Os mais aceitos são American Express, Diners Club, MasterCard e Visa. Eles podem ser usados pelo país, inclusive para reservar hotéis ou alugar um carro.

Banco local no distrito financeiro de São Francisco

Caixa eletrônico (ATM) do lado de fora de um banco

Traveller's cheques

Os traveller's cheques emitidos em dólares americanos pelo American Express e Thomas Cook são aceitos sem cobrança de taxas pela maioria das lojas, restaurantes e hotéis da cidade. Às vezes é possível trocar os traveller's cheques em moeda estrangeira por dinheiro em bancos ou no caixa de grandes hotéis. As taxas de câmbio são divulgadas pelos jornais diários.

COMUNICAÇÕES

Serviços postais

Toda a correspondência nacional é de primeira classe, mas cartas sem o código postal sofrem atrasos. Correspondência aérea internacional pode levar até dez dias úteis. Algumas empresas privadas internacionais, como DHL e FedEx, fazem entrega expressa de correspondência.

Telefones

Dentro da cidade, a tarifa-padrão é de 50 cents por 3 minutos de conversa. O código de área de São Francisco é 415. Os prefixos 650 e 408 servem os subúrbios do sul e o 510 é para East Bay, Oakland e Berkeley; as ligações com esses prefixos são consideradas de longa distância. Quando você ligar para um número fora da cidade, mas dentro do mesmo prefixo, uma mensagem gravada informará quanto a mais deve ser pago. Chamadas internacionais são mais baratas se forem feitas sem o auxílio da telefonista. Para fazer uma ligação direta para o Brasil disque 011, o código do país (55), o código da cidade (sem o zero) e o número local. Cartões telefônicos pré-pagos também barateiam a ligação.

Caixa do Correio

SAÚDE E SEGURANÇA

Segurança pessoal

São Francisco é uma das metrópoles mais seguras dos EUA. Ainda assim, o turista deve tomar alguns cuidados. Não faça alarde de sua condição de turista; se parecer perdido, você pode se tornar alvo fácil para assaltantes. Peça informações somente para funcionários de hotéis e lojas ou para policiais. Carregue apenas quantias pequenas de dinheiro vivo, além de cartões de crédito. Faça cópias dos seus documentos de viagem e deixe-as separadas dos originais.

Seguro de viagem

É essencial fazer um bom seguro, com cobertura para emergências médicas e odontológicas, perda ou roubo de bagagem e documentos de viagem, morte acidental e taxas de cancelamento de viagem.

Tratamento médico

Se você não tem seguro, ir a um médico, hospital ou clínica pode sair caro. Mesmo com um seguro de viagem, é provável que você tenha de pagar pelo serviço médico e depois pedir reembolso. Muitos consultórios médicos, dentistas e hospitais aceitam cartão de crédito, mas há preferência por dinheiro ou traveller's cheques.

AGENDA

Emergências
Tel 911. Polícia, bombeiros e serviços médicos.

Linha de Não Emergências da Polícia Local
Tel 553-0123.

Policlínicas – University of California
400 Parnassus Ave.
Tel 353-2602.

Saint Francis Medical Center
901 Hyde St.
Tel 776-4650 (entrega).

Hot Line de Crimes
Tel (1) (800) 842-8467.

Muni (Achados e perdidos)
Tel 923-6168.

Como Circular

São Francisco ocupa uma área pequena, e muitas atrações ficam a curta distância a pé umas das outras. O sistema de transporte da cidade é fácil de usar e inclui bonde, ônibus, táxis, o metrô de superfície Muni e linhas BART de trem, que servem os bairros mais afastados. Balsas para passageiros fazem viagens regulares para o leste e o norte pela baía.

Planejamento

Todos os meios de transporte público e táxis ficam lotados nos horários de pico, de segunda a sexta das 7h às 9h e das 17h às 19h. É mais fácil enfrentar a multidão nas calçadas do que dentro de um ônibus, bonde ou trem cheio.

A Pé

A melhor maneira de explorar São Francisco é a pé. As principais áreas turísticas ficam de 15 a 20 minutos umas das outras. A maioria dos cruzamentos tem placas verdes e brancas afixadas no alto de postes com os nomes das ruas.

Bicicletas

Andar de bicicleta é comum em São Francisco. Pode-se alugar uma por cerca de US$30 por dia ou US$130 por uma semana. Há ciclovias em algumas partes da cidade e na Bay Area, e dois percursos ciclísticos panorâmicos: um do Golden Gate Park em direção sul até Lake Merced e outro que começa na extremidade sul da Golden Gate Bridge rumo ao Marin County, ao norte.

Passageiros corajosos, no estribo de um bonde a cabo

Ciclistas na trilha panorâmica do Golden Gate Park

Ônibus ou Metrô de Superfície Muni

A empresa de trens urbanos de São Francisco (ou Muni) controla todo o sistema de transporte público. Você pode usar um bilhete integrado –o Muni Passport–, para viajar nos ônibus Muni, no metrô de superfície Muni (bondes elétricos) e nas três linhas de bonde a cabo, usadas sobretudo por turistas. Os ônibus e o metrô de superfície servem a maioria das atrações turísticas e todos os bairros. Com mapas dos itinerários e um Muni Passport você pode usar o transporte público o dia todo.

Pegar um Bonde

Os bondes de São Francisco são famosos no mundo todo. Funcionam diariamente das 6h30 à 0h30. A tarifa fixa é de US$5 por viagem, com desconto para idosos e portadores de deficiência das 9h às 19h. Embora seja uma boa maneira de aproveitar a paisagem, os ônibus são mais práticos.

Muni Passports

Trem BART

A península de São Francisco e a East Bay são ligadas pelo BART (Bay Area Rapid Transit). Os trens BART operam diariamente até a meia-noite e param em quatro estações sob a Market Street –Powell, Civic Center, Montgomery e Embarcadero–, mas circulam no nível da rua na maioria das áreas.

Carro

Congestionamento, poucos estacionamentos e leis de trânsito severas desestimulam o turista a dirigir em São Francisco. Alugar um carro no aeroporto em geral sai mais barato do que na cidade. Para dirigir é preciso ter no mínimo 21 anos e carteira de motorista válida.

Ferryboats e Viagens pela Baía

Os barcos e as balsas ainda são o meio favorito para ver a linha costeira e circular pela área. O Ferry Building, no Embarcadero, é o terminal das Golden Gate Ferries. Há passeios de barcos turísticos pela baía saindo de Fisherman's Wharf, feitos pelas operadoras Blue & Gold Fleet e Red & White Fleet.

Táxi

Os táxis em São Francisco funcionam 24 horas. Pode ser difícil conseguir um, sobretudo nas áreas mais afastadas, mas os motoristas costumam ser gentis. Os táxis são regulamentados; por isso, espere atendimento eficiente e preço tabelado. As tarifas estão afixadas no interior do carro.

Táxi amarelo de São Francisco

AGENDA

Muni Information
Tel 673 6864
www.sfmuni.com

Muni Passports
Tel 391-2000.

Golden Gate Ferries
Tel 923-2000.
www.goldengateferry.org

BART
Tel 788 BART (778-2278)
www.bart.gov

Blazing Saddles
Tel 202-8888.

Cable Car Barn
Tel 474-1887.

Blue & Gold Fleet
Tel 771-1188.
www.blueandgoldfleet.com

Hertz
Tel 1-800-654-3131.

City Cab
Tel 920-0700.

Índice

Agradecimentos

A Dorling Kindersley gostaria de agradecer às seguintes pessoas cuja ajuda e assistência contribuíram na preparação deste livro.

Design e Editorial

Editor Douglas Amrine
Gerência Editorial Kathryn Lane
Gerência de Arte Mabel Chan
Editor de Projeto Ros Walford
Design Shahid Mahmood
Cartografia Casper Morris
Controle de Produção Louise Daly, Anna Wilson
Pesquisa Iconográfica Ellen Root
Diagramação Natasha Lu
Design de Capa Tessa Bindloss
Editorial e Design Lydia Halliday, Alison McGill, Sonal Modha, AnneLise Sorensen, Sylvia Tombesi-Walton, Hugo Wilkinson.

Crédito das Fotos

Todo o esforço foi feito para identificar os proprietários dos direitos de publicação e lamentamos qualquer omissão inadvertida. Teremos prazer em acrescentar as emendas necessárias em futuras edições.

a-alto; ae-alto, esquerda; ac-alto, centro; ad-alto, direita; cea-centro, esquerda, acima; ca-centro, acima; cda-centro, direita, acima; ce-centro, esquerda; c-centro; cd-centro, direita; ceb-centro, esquerda, embaixo; cb-centro, embaixo; cdb-centro, direita, embaixo; be-embaixo, esquerda; b-embaixo; bc-embaixo, centro; bd-embaixo, direita.

Os editores gostariam de agradecer a estas pessoas, empresas e fontes de imagens pela permissão para reproduzir suas fotografias:

CALIFORNIA ACADEMY OF SCIENCES: 57ad; CORBIS: Massimo Borchi 11cb, Robert Holmes 27a; GOLDEN GATE HIGHWAY AND TRANSPORTATION DISTRICT: 11a, 11cda; INTERCONTINENTAL MARK HOPKINS SAN FRANCISCO: 34ad; ANDREW MCKINNEY: 64; NAPA VALLEY BALLOONS: 72b; OAKLAND MUSEUM: 70bc; SAN FRANCISCO PUBLIC LIBRARY: 24ce.

CAPA
GETTY IMAGES: Photographer's Choice/Mitchell Funk

LOMBADA
DK IMAGES: Neil Lucas

Para mais informações www.DKimages.com.

Categorias de preço
consideram uma refeição para uma pessoa composta de três pratos, uma taça de vinho da casa, imposto e serviço.
Barato até US$35
Moderado US$35-US$50
Caro US$50 ou mais

Dados Internacionais de Catalogação na Publicacão (CIP)
(Câmara Brasileira do Livro, SP, Brasil)

São Francisco / Dorling Kindersley ; [tradução Vera Caputo]. -- São Paulo : Publifolha, 2011. -- (Guia visual de bolso)

Título original: San Francisco
ISBN 978-85-7914-290-1

1. São Francisco (Estados Unidos) - Descrição e viagens - Guias I. Dorling Kindersley. II. Série.

11-02660 CDD-917.9461

Índices para catálogo sistemático:
1. Guias de viagem : São Francisco : Estados Unidos 917.9461
2. São Francisco : Estados Unidos : Guias de viagem 917.9461

Frases

Em Emergências

Socorro	**Help**	*rrélp*
Pare	**Stop**	*stóp*
Chame um médico	**Call a doctor**	*koladóktor*
Chame uma ambulância	**Call an ambulance**	*kolanémbiulens*
Chame a polícia	**Call the police**	*kol dê pôlís*
Chame os bombeiros	**Call the fire department**	*kol dê fáier dipártment*
Onde fica o telefone mais próximo?	**Where is the nearest telephone?**	*ueriz dê nírest télefoun?*
Onde fica o hospital mais próximo?	**Where is the nearest hospital?**	*ueriz dê nírest rróspital?*

Comunicação Essencial

Sim/Não	**Yes/No**	*iés/nôu*
Por favor	**Please**	*plíz*
Obrigado	**Thank you**	*fênkiu*
Com licença	**Excuse me**	*ekskíuzmi*
Bom dia	**Good morning**	*gud mórnin*
Boa noite	**Good night**	*gud náit*
Até logo	**Goodbye**	*gudbái*
Ontem	**Yesterday**	*iéstêrdei*
O quê?	**What?**	*uát*
Quando?	**When?**	*uén*
Hoje	**Today**	*túdei*
Amanhã	**Tomorrow**	*tumórou*
Aqui	**Here**	*rriér*
Lá	**There**	*dér*
O quê?	**What?**	*uát*
Quando?	**When?**	*uén*
Por quê?	**Why?**	*uái*
Onde?	**Where?**	*uér*

Frases Úteis

Como vai?	**How are you?**	*rrauáriu*
Muito bem, obrigado.	**Very well, thank you**	*véri uél, fênkiu*
Prazer em conhecê-lo	**Pleased to meet you**	*plízd tu mítiu*
Onde está/estão?	**Where is/where are...?**	*uéríz/ uérár*
Como se vai para..?	**Which way to..?**	*uítch uei tu*
Você fala português?	**Do you speak portuguese?**	*du iu spík portiuguíz?*
Não entendo	**I don't understand**	*ai dount anderzténd*
Pode falar mais devagar, por favor?	**Could you speak more slowly, please?**	*kúdiu spík môr slôuli plíz?*
Desculpe	**I'm sorry**	*áim ssóri*

Compras

Quanto custa isto?	**How much does this cost?**	*rrau mátch daz dês kóst?*
Eu gostaria	**I would like...**	*ai uôd laik*
Vocês têm...?	**Do you have...?**	*du iu rrév...?*
Vocês aceitam cartões de crédito?	**Do you take credit cards?**	*du iu têik krédit kardz?*
A que horas vocês abrem?	**What time do you open?**	*uotáim du iu ôupén?*

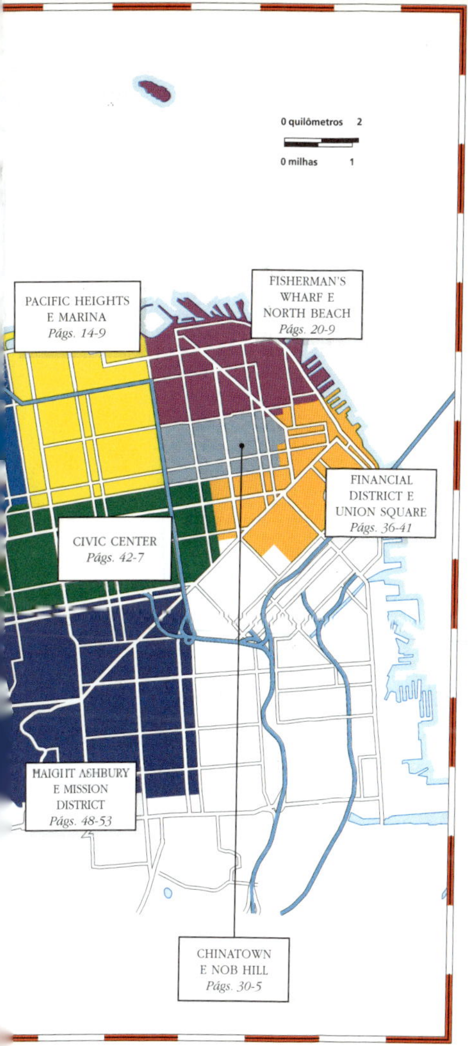
0 quilômetros 2
0 milhas 1
PACIFIC HEIGHTS
E MARINA
Págs. 14-9
FISHERMAN'S
WHARF E
NORTH BEACH
Págs. 20-9
FINANCIAL
DISTRICT E
UNION SQUARE
Págs. 36-41
CIVIC CENTER
Págs. 42-7
HAIGHT ASHBURY
E MISSION
DISTRICT
Págs. 48-53
CHINATOWN
E NOB HILL
Págs. 30-5